espaços,
práticas,
metodolo-
gias e tra-
balho
educação
escola

EDITORA intersaberes

O selo DIALÓGICA da Editora InterSaberes faz referência às publicações que privilegiam uma linguagem na qual o autor dialoga com o leitor por meio de recursos textuais e visuais, o que torna o conteúdo muito mais dinâmico. São livros que criam um ambiente de interação com o leitor – seu universo cultural, social e de elaboração de conhecimentos –, possibilitando um real processo de interlocução para que a comunicação se efetive.

Concepções de educação: espaços, práticas, metodologias e trabalhadores da educação não escolar

Fernanda dos Santos Paulo

EDITORA intersaberes

Conselho editorial
Dr. Ivo José Both (presidente)
Dr.ª Elena Godoy
Dr. Neri dos Santos
Dr. Ulf Gregor Baranow

Editora-chefe
Lindsay Azambuja

Gerente editorial
Ariadne Nunes Wenger

Preparação de originais
Mariana Bordignon

Edição de texto
Osny Tavares
Palavra do Editor
Camila Rosa

Projeto gráfico
Laís Galvão

Capa
Sílvio Gabriel Spannenberg (*design*)
Becky Stares, New Africa, Tanarch, nuwatphoto, Zerbor, TaraPatta, laola e 7505811966/Shutterstock (imagem)

Diagramação
Mayra Yoshizawa

Equipe de *design*
Mayra Yoshizawa
Iná Trigo

Iconografia
Sandra Lopis da Silveira
Regina Claudia Cruz Prestes

Dados Internacionais de Catalogação na Publicação (CIP)
(Câmara Brasileira do Livro, SP, Brasil)

Paulo, Fernanda dos Santos
  Concepções de educação: espaços, práticas, metodologias e trabalhadores da educação não escolar/Fernanda dos Santos Paulo. Curitiba: InterSaberes, 2020.

  Bibliografia.
  ISBN 978-65-5517-573-8

  1. Direito à educação 2. Educação 3. Educação popular 4. Educação social 5. Educadores – Brasil 6. Educadores – Formação 7. Ensino – Metodologia I. Título.

20-35120   CDD-370.115

Índices para catálogo sistemático:
1. Educação social 370.115
Cibele Maria Dias – Bibliotecária – CRB-8/9427

1ª edição, 2020.
Foi feito o depósito legal.

Informamos que é de inteira responsabilidade da autora a emissão de conceitos.

Nenhuma parte desta publicação poderá ser reproduzida por qualquer meio ou forma sem a prévia autorização da Editora InterSaberes.

A violação dos direitos autorais é crime estabelecido na Lei n. 9.610/1998 e punido pelo art. 184 do Código Penal.

Rua Clara Vendramin, 58 ▪ Mossunguê ▪ CEP 81200-170 ▪ Curitiba ▪ PR ▪ Brasil
Fone: (41) 2106-4170 ▪ www.intersaberes.com ▪ editora@editoraintersaberes.com.br

Sumário

Apresentação | 9
Como aproveitar ao máximo este livro | 12

1. **Concepções de educação | 17**
   1.1 Apresentando as modalidades de educação | 19
   1.2 Concepções de educação não escolar e vertentes do trabalho pedagógico | 23

2. **Contexto histórico da educação e da pedagogia social no Brasil | 39**
   2.1 O que é pedagogia no Brasil? | 41
   2.2 Educação social é a prática da pedagogia social? | 49
   2.3 Perspectivas epistemológicas e paradigmáticas na educação social: aspectos históricos e atualidade | 52

3. **Educador social e educador popular: metodologias da problematização | 59**
   3.1 Educador social no Brasil | 61
   3.2 Quem é o educador popular? | 64

4. **Espaços de atuação e de práticas de educação não escolar | 73**
   4.1 Campo de atuação dos educadores sociais: contextos educativos situados fora dos âmbitos escolares | 75
   4.2 Os múltiplos espaços de atuação: educação não escolar e educadores sociais na institucionalidade | 78

5. **Demandas da educação não escolar na vida cotidiana dos trabalhadores sociais: valores éticos e políticos | 103**
   5.1 Trabalhadores sociais: espaços e demandas educativas | 105
   5.2 Ética e política em Paulo Freire | 111

5.3 Fundamentos pedagógicos | 113
5.4 Espaços de atuação | 114

6. Papel do educador social: trabalho e processo formativo | 119
6.1 A profissionalização do educador social no Brasil | 121
6.2 Formação do educador social na perspectiva da educação popular: educação não escolar nas ONGs | 123

Considerações finais | 147
Referências | 151
Apêndice | 161
Respostas | 165
Sobre a autora | 169

O educador social insere-se em uma dinâmica que possui relação aos processos vinculados à assistência social, como executor de um serviço pontual entre as populações empobrecidas. O aspecto social, nesse caso, está intrinsecamente relacionado ao trato da questão social.

(Streck et al., 2014, p. 84)

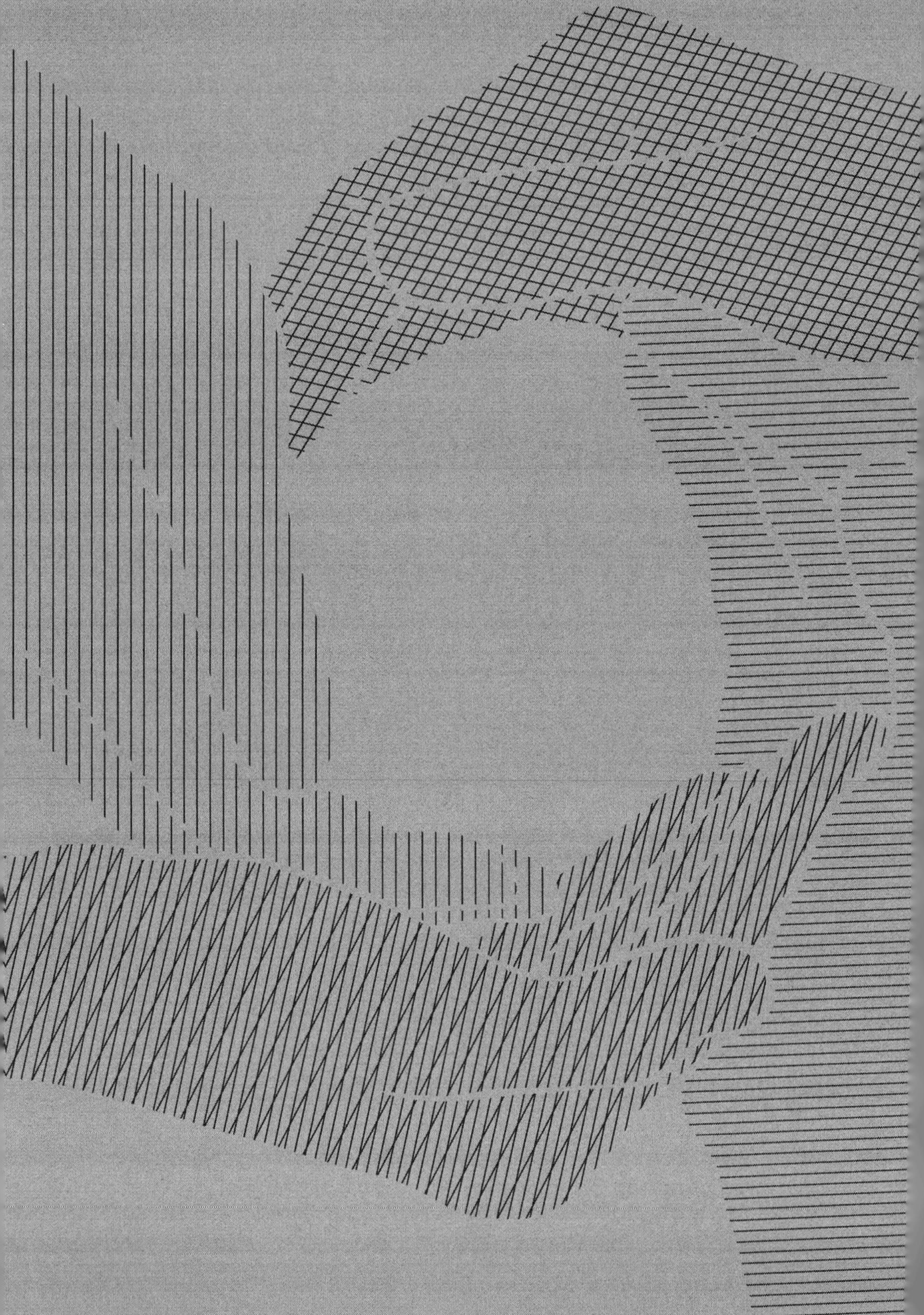

Apresentação

A educação não acontece em único ambiente. Ela ocorre nas ruas, nas escolas, no trabalho, nos movimentos sociais, nas ONGs, em casa, na igreja etc.
Este livro apresenta compreensões múltiplas de educação. Nosso foco é a educação não escolar institucionalizada. Esse, afinal, é o espaço de atuação do educador social. Nesta obra, abordaremos as diferenças entre as concepções de educação social, educação popular e educação não formal.
Examinaremos a metodologia da problematização com base nos estudos de Paulo Freire, enfatizando as relações entre a educação popular e os processos de pesquisas participantes. A concepção de educação em Paulo Freire reafirma que educador e educando ensinam e aprendem concomitantemente, sendo, portanto, pesquisadores de suas realidades.

Apresentaremos os pressupostos da metodologia da educação popular, refletindo sobre diálogo, escuta ativa, participação, reflexão e ação individual e coletiva. Dissertaremos sobre as lutas populares em prol do direito à educação, à saúde e à assistência social e contra as desigualdades e exclusões sociais, ressaltando as conquistas no âmbito social. Nesse contexto, identificaremos práticas educativas dos movimentos sociais, populares ou não. Ao caracterizarmos as práticas de educação não escolar, buscaremos posicionar o lugar do educador social.

É relevante acentuar que a educação popular é uma concepção de educação que vem conquistando espaços na discussão sobre políticas sociais públicas desde 1988. Ao longo desse período, houve avanços e retrocessos. Contudo, o trabalho do educador social sempre esteve presente nas instituições públicas, privadas e do terceiro setor, de forma a garantir a execução de políticas sociais. A área da assistência social é um caso exemplar nesse contexto.

Ao discutirmos aspectos teóricos e práticos do campo de atuação do educador social, incluímos os temas da ética, da política e do papel do trabalhador social na defesa dos direitos sociais. Simultaneamente, identificamos demandas da educação não escolar e apontamos aproximações e distanciamentos entre os conceitos de educação social e pedagogia social no contexto brasileiro.

Utilizamos o conceito de educação não escolar (institucionalizada e não institucionalizada) por duas razões. Em primeiro lugar, sentimos a necessidade de conceituar o espaço de atuação do educador social. Nesta obra, compreendemos a educação não escolar como uma modalidade específica. Segundo nossos referenciais teóricos, qualquer tipo de educação é social, havendo variação de tendências e modalidades. Além disso, compreendemos que a educação não escolar institucionalizada é uma prática educativa com proposta pedagógica situada em espaços de execução de políticas sociais. Ou seja, ela é uma educação formalizada, com intencionalidades e projetos educativos institucionais. Executar essa proposta demanda metodologia e pedagogia diferentes das aplicadas na educação não escolar.

Encerraremos a obra analisando questionários respondidos por educadoras sociais. Esperamos que este material, produzido com rigor metódico e compromisso com o debate nacional e internacional sobre a educação não escolar, sirva de referência teórico-metodológica para estudos, pesquisas e práticas de educadores sociais, pesquisadores e demais interessados.

Como aproveitar ao máximo este livro

Empregamos nesta obra recursos que visam enriquecer seu aprendizado, facilitar a compreensão dos conteúdos e tornar a leitura mais dinâmica. Conheça a seguir cada uma dessas ferramentas e saiba como estão distribuídas no decorrer deste livro para bem aproveitá-las.

Conteúdos do capítulo

Logo na abertura do capítulo, relacionamos os conteúdos que nele serão abordados.

Após o estudo deste capítulo, você será capaz de:

Antes de iniciarmos nossa abordagem, listamos as habilidades trabalhadas no capítulo e os conhecimentos que você assimilará no decorrer do texto.

6.2 Formação do educador social na perspectiva da educação popular: educação não escolar nas ONGs

Desde 1990, nas grandes cidades, proliferaram inúmeras organizações da sociedade civil sem fins lucrativos, as conhecidas organizações não governamentais (ONGs), ou entidades do terceiro setor. Essas instituições, aos poucos, passaram a executar as políticas sociais via parceria público-privada. Em Porto Alegre, há mais de 300 ONGs executando políticas de educação e assistência por meio de parcerias público-privadas.

Segundo a Associação Brasileira de Organizações Não Governamentais (Abong), muitas ONGs estão vinculadas à execução de atividades e projetos sociais via regime de colaboração com a Administração Pública. Além dessa característica, existe a gratuidade desses serviços.

Em julho de 2018, o Instituto de Pesquisas Econômicas Aplicadas (Ipea) publicou o Mapa das Organizações da Sociedade Civil, que levantou o número de ONGs no Brasil. Foram identificadas 820 mil entidades, sendo 19% delas localizadas na Região Sul.

Para saber mais

O Ipea disponibiliza um portal em que é possível consultar o número de ONGs no país, alocadas por estados e cidades. Recomendamos a navegação pelo mapa para aprofundar seus conhecimentos.

MAPA DAS ORGANIZAÇÕES DA SOCIEDADE CIVIL.. Disponível em: <https://mapaosc.ipea.gov.br/resultado-consulta.html>. Acesso em: 13 out. 2019.

Para saber mais

Sugerimos a leitura de diferentes conteúdos digitais e impressos para que você aprofunde sua aprendizagem e siga buscando conhecimento.

Por outro lado, as diferentes expressões da questão social foram, e continuam sendo, um espaço de rebeldia e de luta para intelectuais críticos e militantes de movimentos sociais populares. Esse é um tema de relevância para compor os currículos dos cursos de formação de educadores sociais.

Síntese

- Na **educação não formal**, os espaços educativos localizam-se em territórios que acompanham as trajetórias de vida dos grupos e dos indivíduos fora das escolas. A educação não formal deve ser vista também pelo caráter universal, no sentido de abranger e abarcar todos os seres humanos, independentemente de classe social, idade, sexo, etnia, religião etc. (Gohn, 2010).
- Para Gadotti (2005), a educação não formal é mais difusa e menos burocrática. Fernandes (2012) afirma que a educação não formal trabalha questões de grupo, ministradas por igrejas, organizações não governamentais (ONGs) e voluntários.
- A educação acontece em diferentes **espaços institucionalizados** e **não institucionalizados**, que, às vezes, têm práticas e espaços conjuntos. Em outras palavras, nem toda educação não formal poderia ser assim denominada (Paulo, 2013). Por isso, preferimos denominá-la **educação não escolar**, classificando-a como uma modalidade da educação.
- Os **educadores sociais** atuam, majoritariamente, em ONGs que executam políticas sociais estatais, tais como as de educação e assistência social.
- Não há educação que não seja **social**, mesmo aquelas que adotam as perspectivas da pedagogia tradicional arcaica ou renovada.
- **Educação popular** no Brasil tem sentidos e significados diversos. Paulo Freire é uma referência reconhecida e inspiradora dessa concepção. A educação popular tem caráter de classe, disputa projeto de sociedade, questiona todo tipo de opressão e as desigualdades sociais oriundas do capitalismo. Freire propõe uma educação contra-hegemônica, nos pressupostos da **pedagogia socialista**.

Síntese

Ao final de cada capítulo, relacionamos as principais informações nele abordadas a fim de que você avalie as conclusões a que chegou, confirmando-as ou redefinindo-as.

Contexto histórico da educação e da pedagogia social no Brasil

Questões para revisão

1. Sobre a pedagogia no Brasil, assinale a alternativa correta:

    a) O termo *pedagogia* remonta à década de 1970, quando a ditadura militar instituiu um curso para professor primário.
    b) O termo *pedagogia* surge no século XIX, com o projeto de lei de Januário da Cunha Barbosa.
    c) Pretendia instituir um sistema de educação incluindo o ensino médio.
    d) A pedagogia não trabalhou as perspectivas pedagógicas (tradicional, libertadora, libertária, crítico-social dos conteúdos etc.) em nenhuma de suas concepções.

2. De acordo com Herbart (2010), a pedagogia era uma ciência de ensinar e educar, ganhando estatuto de cientificidade por meio de propostas metodológicas. A respeito desse contexto, é correto afirmar:

    a) O conhecimento teórico é importante para a formação do educador.
    b) Em seus primórdios, o curso de Pedagogia formava apenas cientistas sociais.
    c) A pedagogia ganhou o *status* atual a partir da Lei de Diretrizes e Bases da Educação Nacional de 1996.
    d) A pedagogia passou a ser considerada ciência somente depois de as propostas metodológicas terem sido testadas com professores construtivistas.

3. Paulo Freire é considerado marco teórico da pedagogia social no Brasil. Isso de acordo com:

    a) o próprio autor.
    b) Vanilda Paiva.
    c) Hiran Pinel e Maria Stela Santos Graciani.
    d) Carl Rogers.

Questões para revisão

Ao realizar estas atividades, você poderá rever os principais conceitos analisados. Ao final do livro, disponibilizamos as respostas às questões para a verificação de sua aprendizagem.

Concepções de educação: espaços, práticas, metodologias e trabalhadores da educação não escolar

Questões para reflexão

1. Quais são as características da educação não escolar, incluindo a informal e a não formal?
2. Muitas ONGs contratam educadores sociais. Que tipo de trabalho é realizado nesses espaços de atuação?

Questões para reflexão

Nesta seção, comentamos algumas obras de referência para o estudo dos temas examinados ao longo do livro.

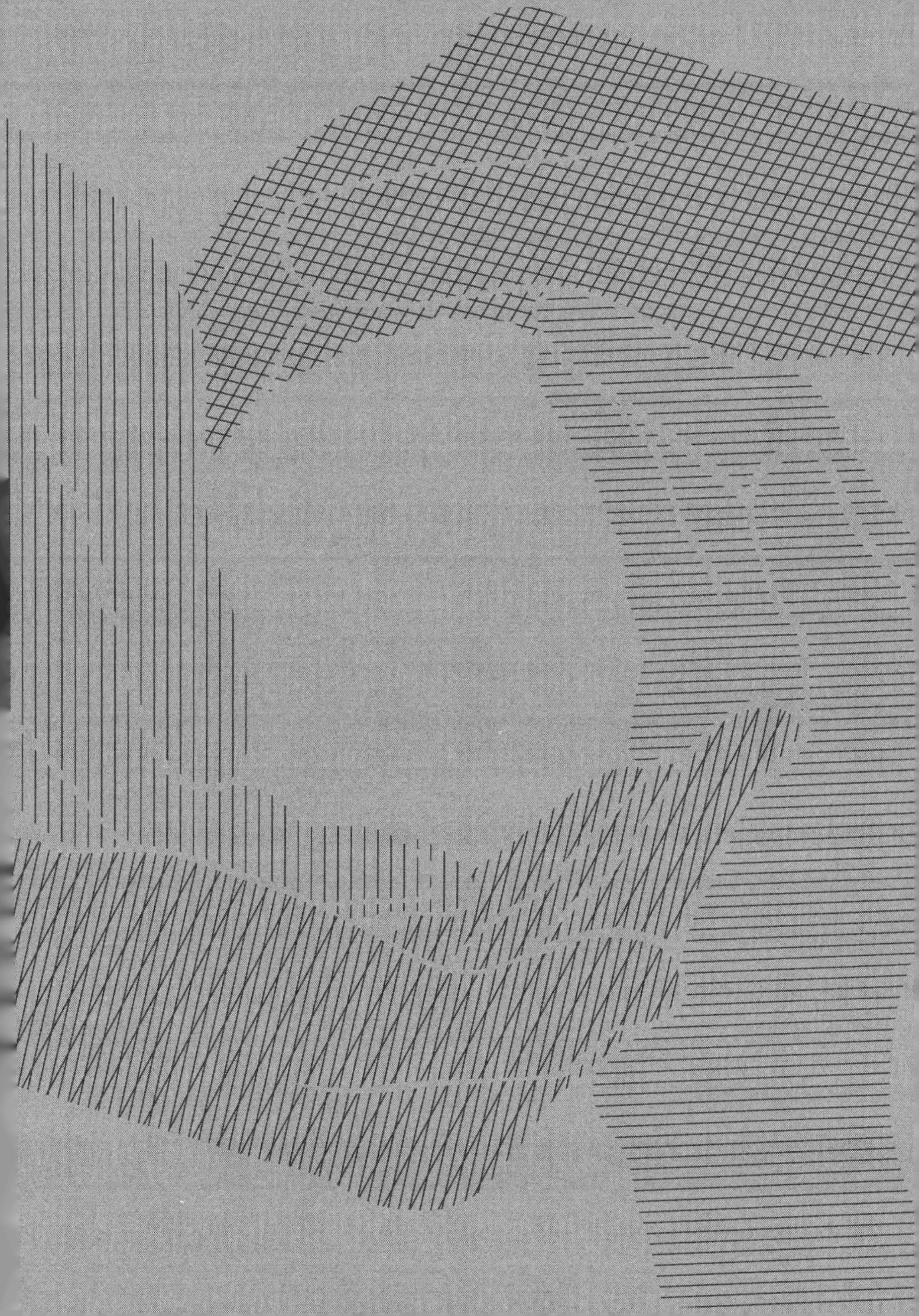

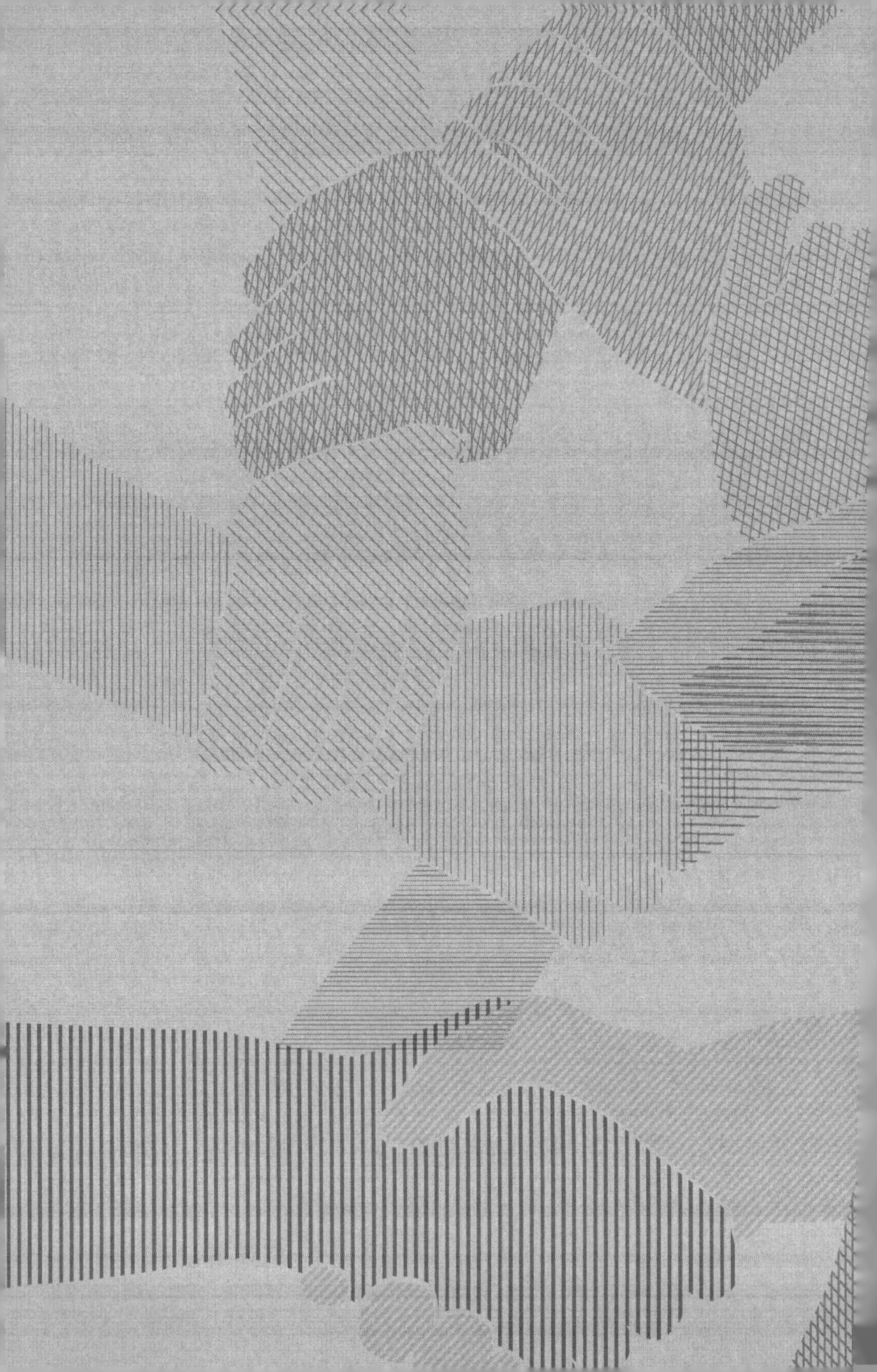

CAPÍTULO 1

Concepções de educação

Conteúdos do capítulo

- Diferenças entre as concepções de educação social, educação popular e educação não formal.
- Conceito de educação não escolar.

Após o estudo deste capítulo, você será capaz de:

1. problematizar os conceitos e as modalidades de educação;
2. reconhecer as diferenças e as semelhanças entre educação não escolar, educação não formal, educação social e educação popular;
3. discorrer sobre as bases teóricas das distintas concepções de educação, relacionando políticas públicas sociais e temas contemporâneos;
4. fazer relações entre o Estado, as políticas sociais e a educação não escolar.

Você já leu algum artigo ou livro do professor e pesquisador Carlos Rodrigues Brandão? Já ouviu algo a respeito dele ou do que trata sua obra? Iniciaremos este capítulo discorrendo sobre sua obra, como forma de introduzir o tema da educação popular.

1.1 Apresentando as modalidades de educação

Carlos Rodrigues Brandão nasceu em 1940, na cidade do Rio de Janeiro. Nos anos 1960, foi um dos fundadores dos Movimentos e Centros de Cultura Popular. Desde então, articulou a educação popular na universidade e em espaços educativos não escolares (Paulo, 2018, p. 61-62). O livro *O que é educação?* é uma boa introdução ao seu pensamento. Nele, o autor conta histórias de indígenas do período colonial brasileiro contrários à educação realizada nas escolas dos não indígenas. Disseram, de acordo com Brandão (1993), que os ensinamentos recebidos nas escolas dos não indígenas eram inúteis para a realidade de seu povo.

Esse acontecimento remete a aspectos históricos, teóricos, culturais, éticos e políticos da vida cotidiana. Devemos lembrar que o saber indígena era oriundo da prática e transmitido de geração a geração, com os mais velhos ensinando os jovens. Esse ensino era fundamental para a manutenção do modo de vida das tribos, que formavam sociedades igualitárias, com uma economia baseada na propriedade comunal e na produção de subsistência.

Para saber mais

BRANDÃO, C. R. **O que é educação?** 28. ed. São Paulo: Brasiliense, 1993. (Coleção Primeiros Passos).

O problema apontado pelos indígenas está inserido no processo de catequização dos indígenas pelos jesuítas. A educação nos pressupostos europeus desrespeitava características históricas, teóricas, culturais, éticas e políticas das comunidades autóctones. Brandão (1993, p. 5) usa o caso para exemplificar sua afirmação de que não há uma educação única: "Não há uma forma única nem um único modelo de educação; a escola não é o único lugar onde ela acontece e talvez nem seja o melhor; o ensino escolar não é a sua única prática e o professor profissional não é o seu único praticante".

O desenvolvimento de qualquer sociedade, desde as mais primitivas, é decorrente de uma forma de educação. Segundo Meksenas (2002, p. 19), "a educação nasce quando se transmite e se assegura a outras pessoas o conhecimento de crenças, técnicas e hábitos que um grupo social já desenvolveu, a partir de suas experiências de sobrevivência".

O educador e filósofo Paulo Freire (1987) defende que a educação é um ato político, portanto, jamais é neutra. Sua prática tem intencionalidades. O autor classifica o modo de conceber e transmitir a educação em tradicional ou dialógico (Freire, 1987), definindo cada modelo com base em uma série de conceitos inerentes a cada um.

Para Nóvoa (2005), a história da educação carrega um sentido social, seja ele tradicional ou libertador. Ele lembra que a história nasce dos problemas do presente, o que exige um estudo rigoroso do passado. Dessa forma, entende que qualquer tipo de educação é social, ou seja, tem suas tendências.

Conforme Gadotti (1987), a história da educação está atrelada ao desenvolvimento social, articulada, na maioria das vezes, em benefício do sistema econômico vigente. Embora, neste livro, estejamos focados na história da educação escolarizada, é importante termos referências para diferenciar a educação escolar da não escolar. Nosso objetivo é, justamente, esclarecer e diferenciar as concepções de educação social, educação popular e educação não formal. Fomos inspirados pela compreensão de educação exposta por Brandão (1993, p. 10-11, grifo do original):

> Da família à comunidade, a educação existe difusa em todos os mundos sociais, entre as incontáveis práticas dos mistérios do aprender; primeiro, sem classes de alunos, sem livros e sem professores especialistas; mais adiante com escolas, salas, professores e métodos pedagógicos.
>
> [...]
>
> A educação é, como outras, uma fração do **modo de vida** dos grupos sociais que a criam e recriam, entre tantas outras invenções de sua cultura, em sua sociedade. Formas de educação que produzem e praticam, para que elas reproduzam, entre todos os que ensinam-e-aprendem, o saber que atravessa as palavras da tribo, os códigos sociais de conduta, as regras do trabalho, os segredos da arte ou da religião, do artesanato ou da tecnologia que qualquer povo precisa para reinventar, todos os dias, a vida do grupo e a de cada um de seus sujeitos, através de trocas sem fim com a natureza e entre os homens, trocas que existem dentro do mundo social onde a própria educação habita, e desde onde ajuda a explicar – às vezes a ocultar, às vezes a inculcar – de geração em geração, a necessidade da existência de sua ordem.

Diante dessa exposição, é importante considerarmos a educação mitológica, característica de uma compreensão antiga, originária da sociedade grega. Os mitos são histórico-religiosos, porém a mitologia foi fundamental para a produção de conhecimentos filosóficos. Mito é uma narrativa que explica simbolicamente as situações da existência dos homens. Hegel buscou superar a mitologia, acreditando que a filosofia não poderia ter ligação com ele. Já Cornford propõe estudar as conexões do pensamento filosófico com o mito.

Segundo a filósofa Marilena Chaui (2000, p. 32), mito "vem do grego, *mythos*, e deriva de dois verbos: do verbo *mytheyo* (contar, narrar, falar alguma coisa para outros) e do verbo *mytheo* (conversar, contar, anunciar, nomear, designar)". Os mitos explicavam as coisas do mundo e, assim, em nossa história mitológica, humanizaram os deuses e divinizaram os homens.

A educação mitológica pode ser compreendida como diferente do conhecimento científico, porém não é inferior a ele, apesar de o conhecimento científico ter mais reconhecimento na sociedade moderna.

Concepções de educação

Na contemporaneidade, retoma-se a concepção de educação mitológica, compreendendo-se os ritos como instrumento para a resistência cultural. Essas resistências são educativas. Podemos acompanhar o retorno do tema na educação indígena e na produção de conhecimentos ameríndios (Menezes, 2006).
Dessa forma, somos convidados a refletir sobre as seguintes questões:

1. Quais lembranças familiares relacionadas à educação você traz desde a infância?
2. Quais ensinamentos transmitidos por familiares ou responsáveis você mantém e aplica ainda hoje?
3. O que aprendeu na educação familiar que hoje você não reproduz? Por quê?
4. Quais experiências de educação mitológica você traz desde a infância e o que elas representaram e representam hoje em sua vida?
5. Que experiências de educação do tipo informal ficaram restritas ao ambiente familiar, sem jamais terem sido trabalhadas nas escolas em que você estudou?
6. Você acredita que a educação escolar tem características da educação que recebemos na família? Quais?

Essas questões conduzem nosso pensamento a todos os espaços educativos e a todas as formas de educação, que jamais se separam completamente. Na escola, por exemplo, temos uma educação formal. Porém, nesse mesmo espaço, há momentos de educação informal, quando aprendemos com os colegas ou ensinamos a eles, seja nos intervalos entre aulas, seja no recreio. Quem de nós nunca trocou um bilhete na hora da aula com um colega para tratar de uma dúvida com relação a um problema da vida pessoal? Esse é um tipo de educação informal e rebelde, porque transgride a formalidade e as normas do ambiente escolar.
Os teóricos da educação, como os que citamos na abertura deste capítulo, geralmente apresentam duas concepções de educação: **acríticas** (tradicional, tecnicista, bancária) e **críticas** (libertadora, crítico-social dos conteúdos e libertária). Muitas vezes, deixamos de perceber que toda educação tem intencionalidades,

ou seja, toda educação está a serviço de algo, ainda que nem sempre o educador saiba conscientemente a quem ele está servindo. Todo tipo de educação é um ato político. Ernani Maria Fiori, no prefácio de uma edição do clássico *Pedagogia do oprimido*, aponta que "a cultura popular se traduz por política popular; não há cultura do Povo sem política do Povo" (Fiori, 1987, p. 11). Assim, buscaremos discutir as concepções do trabalho pedagógico para esclarecer as diferenças entre educação social, educação popular e educação não formal.

1.2 Concepções de educação não escolar e vertentes do trabalho pedagógico

Nesta seção, analisaremos as vertentes do trabalho pedagógico crítico, também chamadas por Saviani (2003) de **concepções pedagógicas contra-hegemônicas**. Para tanto, utilizaremos Gramsci (1995, 2001), que nos diz que a hegemonia é a formação de "consensos" via os diversos aparelhos privados de hegemonia (família, igreja, clube, mídia, escola, fábrica, sindicato, ONGs, partido etc.), onde a classe dominante propaga e direciona a sua visão de mundo. No sistema capitalista, a hegemonia é da burguesia dominante, a qual disciplinariza e explora a classe trabalhadora.

Nos pressupostos de Saviani (2003), a educação tem vertentes associadas e contrárias à educação burguesa/capitalista. Ele classifica sua concepção, chamada de *pedagogia histórico-crítica*, como contra-hegemônica. Também menciona outras alinhadas à sua, como a socialista, a libertária, a comunista e a libertadora.

O educador brasileiro Paulo Freire (1987) talvez seja o maior pensador associado à corrente filosófica da educação libertadora. Estudado tanto na educação escolar quanto na educação não escolar, propõe a realização de trabalhos educativos com base nos temas e problemas políticos e sociais advindos da realidade do entorno. Freire inova ao considerar as relações de classe (oprimido e opressor) e indicar a educação dialógica e problematizadora como caminho para o processo de libertação dos oprimidos (Saviani, 2003; Paulo, 2013).

Freire (1987) critica o que chama de *educação bancária*. Oriunda de uma das formas da pedagogia tradicional, constitui-se em:

- compreensão da realidade como algo estático;
- memorização mecânica do conteúdo narrado;
- conteúdos retalhados da realidade, desconectados da totalidade;
- palavra esvaziada da dimensão concreta, sem sentido para quem está aprendendo, mera verbosidade alienada e alienante.

A **pedagogia tradicional** é caracterizada pela transmissão vertical de saberes do professor para o aluno. Há uma sequência curricular lógica e predeterminada para moldar o aluno às normas concebidas como regra geral, ditadas pela classe dominante.

Não raro, há propostas de pedagogia tradicional com novas roupagens na tentativa de se fazer passar por educação crítica. Podemos citar rótulos como *educação empreendedora, pedagogia das competências* e *pedagogia ativa*. Esses três tipos de educação têm formas plurais de se manifestarem, porém em momento algum buscam romper com o sistema capitalista. Buscam, aliás, afastar-se dos temas originários da dominação e da opressão, como o das classes sociais. Essa estratégia também é perceptível na **pedagogia tradicional com tendência tecnicista renovada**. Essa vertente, subordinada à nova base produtivista, é reconhecível no uso de termos como *empreendedorismo, educação ativa, educação autônoma, educação plural, educação para as competências, educação flexível, educação 4.0*.

Ainda assim, ressaltemos, não há educação que não seja social, ainda que inserida na pedagogia tradicional arcaica ou renovada. Essa afirmação pode causar estranheza, mas não se preocupe! Discutiremos essa questão ao longo do livro.

De imediato, podemos apontar que toda educação é social porque:

1. Requer ação coletiva. É composta de ações sociais públicas ou privadas, críticas ou não críticas, libertárias, dirigidas ou autoritárias. Representa a vontade de um grupo, em conformidade com seus valores, costumes, sentimentos e pensamentos, estabelecidos por regras institucionalizadas ou acordos instituintes.
2. Tem contratos, normas de organização e conduta informais, formais ou não formais, bem como valores éticos e morais. Abrange pessoas de posições sociais semelhantes, idênticas, diferentes e antagônicas.
3. É uma produção cultural e, como toda cultura, é construída e reproduzida socialmente por homens e mulheres.
4. A educação é uma prática social (Brandão, 1993).

Partindo-se da concepção de que toda educação é social, quais são as características, os tipos e as formas dessa educação?

Gohn (2010, p. 17) nos auxilia a compreender os fundamentos da educação fora da escola, denominada por ela de **informal** ou **não formal**:

> Na educação não formal, os espaços educativos localizam-se em territórios que acompanham as trajetórias de vida dos grupos e indivíduos, fora das escolas, em locais informais, locais onde há processos interativos intencionais (a questão da intencionalidade é um elemento importante de diferenciação). Já a educação informal tem seus espaços educativos demarcados por referências de nacionalidade, localidade, idade, sexo, religião, etnia etc. A casa onde se mora, a rua, o bairro, o condomínio, o clube que se frequenta, a igreja ou o local de culto a que se vincula sua crença religiosa, o local onde se nasceu etc.

O conceito de educação não formal mudou ao longo da história da pedagogia. Já esteve associado a programas de educação de jovens e adultos (EJA). "As práticas desenvolvidas voltam-se prioritariamente para a alfabetização, principalmente no caso de adultos. Nesta abordagem, encontramos tanto as formas desenvolvidas pela Unesco, após a Segunda Guerra Mundial, como as propostas de Paulo Freire" (Gohn, 2010, p. 24).

A educação de jovens e adultos é uma modalidade da educação escolar com regulamentação nacional[1] e local, via conselhos de educação. De fato, essa modalidade pode acontecer em espaços não escolares, como as prisões. Nesse caso, existe uma legislação aplicada à educação de adultos em regime de liberdade privada[2]. Porém, o fato de ser administrada em espaços alternativos não é suficiente para caracterizá-la como *não escolar*.

Como, então, podemos definir uma educação não formal? Gohn (2010, p. 22, 25) afirma:

> Destaca-se que a educação não formal lida com outra lógica nas categorias espaço e tempo, dada pelo fato de não ter currículo definido *a priori*, quer quanto aos conteúdos, temas ou habilidades a serem trabalhados.
>
> [...]
>
> [...] a educação não formal deve ser vista também pelo caráter universal, no sentido de abranger e abarcar todos os seres humanos, independentemente de classe social, idade, sexo, etnia, religião etc.

Sobre essa definição, Gadotti (2005) concorda que a educação não formal é mais difusa e menos burocrática. Fernandes (2012) afirma que a educação não formal trabalha questões de grupo, ministradas por igrejas, organizações não governamentais (ONGs) e voluntários. Há bons exemplos de ações coletivas que trabalham com educação ambiental, educação para direitos humanos e educação contra discriminação. São atividades educativas que podem ser consideradas como educação não formal. Perceba que esses e outros temas também podem ser abordados pela educação escolar (ou formal).

---

1 Lei de Diretrizes e Bases da Educação Nacional de 1996 (Lei n. 9.394/1996). Disponível em: <http://www.planalto.gov.br/ccivil_03/leis/l9394.htm>. Acesso em: 4 fev. 2020.

2 Confira a Resolução CNE/CEB n. 2, de 19 de maio de 2010, que dispõe sobre as Diretrizes Nacionais para a oferta de educação para jovens e adultos em situação de privação de liberdade nos estabelecimentos penais. Disponível em: <http://portal.mec.gov.br/index.php?option=com_docman&view=download&alias=5142-rceb002-10&category_slug=maio-2010-pdf&Itemid=30192>. Acesso em: 4 fev. 2020.

Brandão (1993, p. 30) cita o exemplo de um tipo de universidade não formalizada, chamada "'casas de ensino', [...] onde toda a sabedoria da cultura é ensinada aos jovens de ambos os sexos por professores-sacerdotes. Durante metade do ano estas 'casas' permanecem abertas e, por todo o dia, oferecem cursos com alguma teoria e muita prática". Eis um tipo de educação que ensina saberes não escolarizados, mas que tem conteúdo da vida com relevância e sentido para a comunidade aprendente.

Quando cursamos uma graduação, geralmente começamos a participar de seminários, palestras, fóruns temáticos, congressos, debates e exposições. Essas atividades podem ser formalizadas ou não. Um fórum de educadores e educadoras sociais que não esteja inscrito no Cadastro Nacional de Pessoa Jurídica (CNPJ) e realiza encontros para debates e estudos é caracterizado como educação não formal. O que impulsiona a criação desses espaços são os objetivos e as intencionalidades surgidos entre os membros do grupo.

Entretanto, se uma associação com CNPJ realizar reuniões com seus associados, mobilizar encontros temáticos e organizar espaços de lutas reivindicatórias, também será considerada um espaço de educação não formal, pois não executa políticas sociais estatais em parceria com o Poder Público. Ou seja, a educação não formal pode acontecer também em espaços institucionalizados, que tenham vínculos legais com o Estado. As ONGs, por exemplo, excutam políticas sociais estatais por meio de parcerias com o Poder Público. São entidades com diversas formalizações, burocracias, hierarquizações, contratos de trabalho, regras definidas etc. Ainda assim, são um espaço privilegiado de educação não formal e importante área de trabalho para o educador social.

Paulo (2010, 2013) prefere o termo *educação não escolar*. A autora chama de *institucionalizada* toda ONG que realiza práticas educativas, executando políticas sociais de educação ou de assistência social por meio de parceria público-privada; não se trataria de educação não formal em razão, especialmente, da existência do processo normativo, jurídico, empresarial e educacional do fazer pedagógico.

Reunimos a seguir, no Quadro 1.1, exemplos de educação formal e educação não formal.

Quadro 1.1 – Diferenças entre educação formal e não formal

EDUCAÇÃO INFORMAL Processos espontâneos	EDUCAÇÃO NÃO FORMAL Intencionalidades e objetivos a serem desenvolvidos
Ocorre em família, igrejas, rodas de amigos, ruas, praça, bares, mídias (jornais, revistas, TV, Facebook etc.)	Ocorre em movimentos sociais e organizações populares, ONGs, presídios, hospitais, empresas, cursos livres, sindicatos, partidos políticos, teatro, atividades culturais escolares, mas abertas para a comunidade escolar etc.

Há diferentes tipos de educação não formal, e todos têm suas intencionalidades. Paralelamente, percebemos que algumas entidades de educação não formal têm a mesma formalização de uma instituição de educação escolar. Também não estamos tratando do espaço físico das instituições. Afinal, existem entidades sem infraestrutura física que, mesmo assim, oferecem práticas educativas. O que caracteriza uma educação como formal ou não formal é o tipo, as formas e a característica do trabalho pedagógico realizado (Paulo, 2010, 2013).

Gohn (2009, p. 29-30, grifo do original) destaca "**Projetos Sociais Educativos** realizados junto a comunidades de baixa renda, [...] desenvolvidos sob a bandeira da 'inclusão social' e que configuram uma área de práticas educativas – a da Educação Não Formal". Cabe observar que, quando se trata de projetos e programas educativos com parceria público-privada, há uma série de exigências a serem cumpridas pela instituição contratada, tais como:

- termo de convênio ou regime de colaboração com repasse de recursos públicos;
- plano de aplicação do valor investido;
- plano de trabalho com prazo de execução das atividades;
- metas de pessoas atingidas, resultados computados etc.;

- contratação de recursos humanos;
- disposição de quadro de pessoal, de materiais e de equipamentos adequados.

Em virtude dessas características de avançada formalização, Paulo (2010, 2013) denomina esse tipo de educação de **não escolar institucionalizada**.

As atividades não escolares visam atender às problemáticas e necessidades sociais. Isso ocorre, ou deveria acontecer, tanto no espaço da escola como fora dela. Na legislação brasileira, a educação escolar já abarca concepções de educações plurais (Brasil, 1996), porém não reserva um espaço de atuação para os educadores sociais. Sobre o termo *educação social* no Brasil, Ribeiro (2006, p. 157, 160, 170-171) aponta que se trata de

> um conceito que emerge a partir dos anos de 1990, no auge da força das políticas neoliberais [...].
>
> [...] o segundo termo da expressão, o "social", parece-me, num primeiro momento, configurar-se como uma redundância, ou figura de linguagem chamada pleonasmo. [...]
>
> [...] Observa-se mesmo uma contradição que se manifesta na crítica à escola como instituição formal, e, ao mesmo tempo, nas propostas e políticas de educação social que surgem com alguma forma de vínculo com o Estado ou por dentro de instituições e/ou organizações sociais. [...]
>
> [...] o conceito de educação social oculta o de educação popular, encharcado de história, ou seja, de luta das camadas populares por educação pública de qualidade.

Com base nessas considerações, podemos destacar que, em casos brasileiros, o sentido de *social* está atrelado à educação de pessoas em situação de exclusão social. Portanto, não estamos convencidos de que o termo seja o mais apropriado. Há, como demonstra a autora, intenções com o uso dessa definição. A ocultação da educação popular visa descaracterizar as histórias e experiências que a educação popular construiu, assumindo a politização do conceito e a contrariedade radical às políticas neoliberais, que se utilizam da pobreza para introjetar suas ideologias e seus valores por meio de uma educação desprovida da pedagogia socialista. A autora cita que o Movimento dos Trabalhadores Rurais Sem Terra (MST) se orienta por projetos de sociedade e de educação socialista (Ribeiro, 2006).

Também cabe observar que, curiosamente, a educação social no Brasil surge das experiências realizadas, predominantemente, pelas ONGs. Não se discute a precarização da execução das políticas por meio da conversão do público para o privado, tampouco os projetos imbricados e presentes na reforma do Estado via parcerias público-privadas.

Além disso, o social carece de aprofundamento teórico. Por si só, ele não representa esse tipo de educação. Não estamos afirmando que a educação popular seja a representação ideal e concreta da educação realizada fora da escola, até mesmo porque não entendemos tipo de educação como sinônimo de concepção. Para nós, o que chamam de *educação social* corresponde à educação não escolar institucionalizada ou formalizada, que pode acontecer de diferentes formas e com referências distintas. A educação popular é uma delas.

Outro ponto a destacar são as vertentes pedagógicas atreladas à educação não escolar, institucionalizada ou não. Por muito tempo, foi dito que a educação não formal era libertadora. Na verdade, falava-se da metodologia do trabalho educativo de determinada experiência. Há outras experiências, assim como na educação escolar, que podem ser uma forma de educação conservadora.

Antes de partirmos para o segundo capítulo, é importante diferenciarmos as concepções de educação social, educação popular e educação não formal.

Para um estudo aprofundado do tema da educação popular, citamos a tese de Paulo (2018). A autora traz uma ampla referência ao tema, com o resumo de biografias de pioneiros da educação popular brasileira. O trabalho diferencia os sentidos e os significados do termo *popular*.

De modo geral, a educação popular é compreendida como:

> 1) Participação popular com vistas à superação dos problemas sociais; 2) Instrumento de luta e de defesa dos direitos; 3) Uma forma

de expressão popular; 4) Um método de Educação e de trabalho; 5) Os movimentos populares; 6) Base do trabalho de assessorias junto aos Movimentos Sociais urbanos e rurais; 7) As práticas escolares destinadas aos setores populares; 8) Um trabalho de base. (Paulo, 2018, p. 102)

Mas nem sempre a educação popular é concebida de modo crítico. Em determinados âmbitos, é comum ouvir declarações como "Trabalho com educação popular porque trabalho na vila", "Faço educação popular porque dou aula na comunidade" ou "Sou voluntário e faço educação popular". Outras expressões são análogas a essas e diferenciam-se de uma compreensão crítica referenciada por autores como Freire (1987) e Brandão (1993).
As três frases têm significado assistencialista, além de um vazio de sentido de luta e de classe social. Observemos como o popular é vulgarizado. Alguns autores, na história geral da educação, representam esse tipo de compreensão conceitual:

> o alemão Herman Nohl (1879-1960), referência para a Pedagogia Social, também utilizou a expressão *Educação Popular*, que foi discutida por ele, pela primeira vez, entre os anos de 1904 a 1914, em decorrência da criação de uma universidade popular fundada em Jena. Para Ribas (2014), Nohl entende a pedagogia social enquanto parte ou espaço da pedagogia geral, com fins específicos no sentido da formação popular para prevenção e recuperação de jovens em situação de risco [...].
>
> Na Suíça, Johann Heinrich Pestalozzi (1746-1827), por meio de cartas dirigidas a seus amigos (Enrico Gessner e o inglês James Pierpoint Greaves), escritas entre os anos de 1801 a 1809, discorria sobre suas ideias acerca da Educação Popular. O significado voltava-se para a instrução das crianças pobres, vinculado ao contexto de industrialização europeu [...] na minha interpretação, o sentido da *Educação Popular* para Pestalozzi é de cunho **assistencialista**.
>
> [...] O venezuelano Andrés Bello (1781-1865) defendeu uma educação do povo através da popularização da ciência e das artes, preconizando a cultura intelectual. [...] Ele, na minha leitura, compreende a *Educação Popular* como **metodologia de ensino** e de **popularização da educação escolar**. (Paulo, 2018, p. 178-179, grifos do original)

Os estudos de Paulo (2018) chegam ao princípios ontológicos da educação popular freiriana. Para construir uma síntese, a autora procurou ir à gênese da educação popular, estabelecendo um diálogo com o contexto histórico do desenvolvimento do conceito. Nesse esforço teórico, destacou os limites e as possibilidades do uso desse conceito, seja na escola, seja fora dela. Igualmente, apresenta uma ampla bibliografia de pioneiros e pioneiras da educação popular brasileira, identificando o percurso, as positividades e os entraves da educação popular na universidade.

Na concepção de autores inspirados pela teoria crítica, a educação popular é práxis. Portanto, não é concebida como sinônimo de educação não formal, educação de adultos, educação na periferia, nem como metodologia ou síntese de experiências de organizações sociais populares. A educação popular é uma concepção que abarca teoria e práticas. Não as toma como fenômenos fragmentados, pois apresentam múltiplas mediações, relações e determinações. "A luta engajada é o fundamento ontológico cujas dimensões dão o significado para afirmarmos que a pedagogia crítica é o paradigma que construiu a Educação Popular" (Paulo, 2018, p. 221). Dessa forma, a educação não escolar pode ou não estar referenciada pela educação popular crítica.

Sobretudo a partir dos anos 2000, a educação popular passou a ser objeto de estudos de muitos pesquisadores no Brasil, principalmente da Região Sudeste. Alguns desses pesquisadores, influenciados pelo arcabouço teórico-metodológico internacional, introduziram o termo *pedagogia social* para escrever sobre as experiências de educação fora da escola.

Anteriormente, afirmamos que a educação, escolar ou não escolar, popular ou conservadora, é social. Temos movimentos sociais populares (como o MST) e movimentos sociais conservadores (como o Movimento Brasil Livre – MBL). Ambos são sociais. O que poderá defini-los como críticos são seus objetivos, suas intencionalidades, suas metas e suas atividades desenvolvidas. Existe uma dimensão pedagógica dos movimentos sociais populares que os torna espaços educativos.

Por isso, o uso de *social* acompanhado de *educação* merece uma análise histórica. O deslocamento conceitual da educação popular, do socialismo, das classes sociais e da exploração para expressões como *educação social, protagonismo, autonomia, flexibilidade* e *vulnerabilidade social* não aconteceu por acaso, de forma alheia ao desenvolvimento de um projeto de sociedade. No contexto mais amplo, a educação social se aproxima da questão social quando o capitalismo, em suas crises, busca amenizar os problemas advindos da extrema pobreza por meio de consensos. Para isso, constrói políticas sociais de redução das desigualdades sociais.

A questão social não carrega em seu bojo uma alteração radical do sistema societário, ou seja, não tem como projeto uma revolução socialista, embora vise a mudanças sociais dentro do sistema capitalista. Para executar essa estratégia, utiliza novos argumentos e ações para justificar a permanência desse sistema econômico, incluindo políticas de operacionalização e manutenção do projeto hegemônico.

A "questão social", apreendida como o conjunto das expressões das desigualdades da sociedade capitalista madura (Iamamoto, 2000, p. 26), também tem por objetivo "suprimir as carências materiais da massa da população" (Netto, 2012, p. 93). O que os autores (em especial o professor José Paulo Netto) querem nos dizer é que, no desenvolvimento da questão social, existem concepções diversas e antagônicas: conservadoras e socialistas.

Ao tratarmos das ONGs como espaço majoritário de atuação do educador social, deparamo-nos com o desenvolvimento da "filantropização" das políticas sociais. Por meio de parcerias público-privadas, as ONGs prestam serviços aos setores pauperizados e excluídos. Esses serviços são expressões da questão social, e a vulnerabilidade é a marca identitária dos usuários dessas políticas sociais. No pensamento conservador, há um trabalho destinado à reforma moral, comportamental, socioemocional e assistencial como solução para a problemática das vulnerabilidades sociais.

Por outro lado, as diferentes expressões da questão social foram, e continuam sendo, um espaço de rebeldia e de luta para intelectuais críticos e militantes de movimentos sociais populares.

Esse é um tema de relevância para compor os currículos dos cursos de formação de educadores sociais.

Síntese

- Na **educação não formal**, os espaços educativos localizam-se em territórios que acompanham as trajetórias de vida dos grupos e dos indivíduos fora das escolas. A educação não formal deve ser vista também pelo caráter universal, no sentido de abranger todos os seres humanos, independentemente de classe social, idade, sexo, etnia, religião etc. (Gohn, 2010).
- Para Gadotti (2005), a educação não formal é mais difusa e menos burocrática. Fernandes (2012) afirma que a educação não formal trabalha questões de grupo, ministradas por igrejas, organizações não governamentais (ONGs) e voluntários.
- A educação acontece em diferentes **espaços institucionalizados** e **não institucionalizados**, que, às vezes, têm práticas e espaços conjuntos. Em outras palavras, nem toda educação não formal poderia ser assim denominada (Paulo, 2013). Por isso, preferimos denominá-la **educação não escolar**, classificando-a como uma modalidade da educação.
- Os **educadores sociais** atuam, majoritariamente, em ONGs que executam políticas sociais estatais, tais como as de educação e assistência social.
- Não há educação que não seja **social**, mesmo aquelas que adotam as perspectivas da pedagogia tradicional arcaica ou renovada.
- **Educação popular** no Brasil tem sentidos e significados diversos. Paulo Freire é uma referência reconhecida e inspiradora dessa concepção. A educação popular tem caráter de classe, disputa projeto de sociedade, questiona todo tipo de opressão e as desigualdades sociais oriundas do capitalismo. Freire propõe uma educação contra-hegemônica, nos pressupostos da **pedagogia socialista**.

Para saber mais

As obras sugeridas a seguir expandem a discussão sobre o conceito de educação formal e não formal, relacionando ambas as modalidades ao contexto das políticas sociais.

GADOTTI, M. **A questão da educação formal/não-formal**. Sion: Institut International des Droits de l'Enfant, 2005.

PONTUAL, P. Os movimentos sociais e a construção de políticas públicas nos espaços locais. In: BORGES, L.; BRANDÃO, S. V. (Org.). **Diálogos com Paulo Freire**. Tramandaí: Isis, 2005. p. 37-58.

Questões para revisão

1. Sobre a educação de jovens e adultos, marque V para as afirmações verdadeiras e F para falsas.

    ( ) A educação de jovens e adultos é uma modalidade da educação escolar, ou seja, não é concebida como educação não formal.
    ( ) A educação de jovens e adultos é uma modalidade da educação não escolar, consubstanciada por normatizações dos conselhos de assistência social.
    ( ) A educação de jovens e adultos pode acontecer em espaço não escolar, como em prisões, porque consta em nossa Constituição Federal Brasileira de 1988 que a educação é direito de todos e dever do Estado.
    ( ) A educação de jovens e adultos não é um direito estendido àqueles que foram condenados pela Justiça e estão em situação de restrição de liberdade, exceto aos presos provisórios.

Agora, assinale a sequência correta:

a) F, F, V, V.
b) V, F, V, F.
c) V, F, F, V.
d) V, F, V, V.

2. Segundo Brandão (1993), a cultura de partilha de saberes populares dos mais velhos com os mais jovens ocorre:

a) na educação a distância.
b) na educação técnica.
c) na educação indígena.
d) na educação superior tecnológica.

3. Assinale a alternativa correta:

a) Os educadores sociais atuam, majoritariamente, como concursados federais, uma vez que as ONGs não executam políticas sociais estatais, tais como as de educação e assistência social.
b) Toda educação é social, mesmo aquelas que adotam as perspectivas da pedagogia tradicional arcaica ou renovada.
c) A educação popular no Brasil tem sentidos e significados iguais. Paulo Freire não é reconhecido como uma referência dessa concepção, uma vez que sua luta era somente pela educação não formal.
d) Paulo Freire nunca escreveu sobre educadores sociais de rua e educação popular.

4. Para Gadotti (2005), o que é a educação não formal?
5. Para Paulo (2018), qual é o fundamento ontológico da educação popular?

Questões para reflexão

1. Quais são as características da educação não escolar, incluindo a informal e a não formal?
2. Muitas ONGs contratam educadores sociais. Que tipo de trabalho é realizado nesses espaços de atuação?

CAPÍTULO 2

Contexto histórico da educação e da pedagogia social no Brasil

Conteúdos do capítulo

- Conceitos de educação e pedagogia.
- História da pedagogia social no Brasil.

Após o estudo deste capítulo, você será capaz de:

1. reconhecer importantes referências sobre as temáticas da educação e da pedagogia;
2. refletir sobre o contexto histórico da educação e da pedagogia social no Brasil.

Antes de adentrarmos no tema da pedagogia social, vamos discutir o que é pedagogia, especialmente no Brasil.

No Brasil, o termo *pedagogia* remonta a 1826, no projeto de Januário da Cunha Barbosa, que pretendia instituir um sistema de educação composto de quatro graus. Pedagogia era sinônimo de educação escolar.

2.1 O que é pedagogia no Brasil?

A história da pedagogia geral nasce entre os séculos XVIII e XIX, associada à educação escolar e a serviço da sociedade moderna, a fim de preparar pessoas para o trabalho e a formação cidadã, influenciada pelas diversas correntes filosóficas (Cambi, 1999).

Em Saviani (2007), a pedagogia está atrelada às perspectivas tradicional, libertadora, libertária, crítico-social dos conteúdos, entre outras. Curiosamente, observamos que várias das obras de Paulo Freire trazem como título principal o termo *pedagogia*: do oprimido, da esperança, da pergunta, do diálogo e do conflito, da autonomia e da indignação.

A pedagogia já foi considerada como método, princípio pedagógico e filosófico. O pedagogo português José Augusto Coelho (1850-1925) foi o primeiro pensador a considerar a pedagogia como **ciência da educação**, com normatização, métodos, manuais e currículo. Além disso, afirmava que saber ensinar era um ofício a ser aprendido. A pedagogia também foi considerada ciência orientada à caridade, sobretudo por conta de sua relação com a Igreja Católica. O professor teria a missão de ensinar, a qual ele assumia porque seria vocacionado a executar tal tarefa.

De acordo com Herbart (2010), a pedagogia era uma ciência de ensinar e educar, ganhando estatuto de cientificidade por meio de propostas metodológicas. Na obra do autor, é ainda mencionada a importância do conhecimento teórico para a formação do educador.

No contexto brasileiro, a pedagogia se aproxima do curso de formação de professores (magistério), denominado *curso normal* a partir da promulgação da Lei de Diretrizes e Bases da Educação Nacional de 1996. O início do ensino de pedagogia no Brasil não aconteceu com a implantação de um curso de licenciatura, como é comum nos dias de hoje. Havia cursos de licenciatura e bacharelado. O primeiro destinava-se à formação de docentes; o segundo, à formação de técnicos em assuntos educacionais.

O primeiro curso de bacharelado em Pedagogia foi implantado em 1937, com duração de quatro anos – três anos para os conteúdos gerais e um para as disciplinas de didática. É fundamental destacar a relação da pedagogia com a filosofia. Silva (2006) descreve minunciosamente a organização do curso, expondo a fundamentação teórica, a composição curricular e o processo histórico do bacharelado.

O curso de Pedagogia tornou-se licenciatura somente em 1960. No entanto, permaneceu a divisão entre a formação de especialistas e a de docentes. Essa separação formativa era feita por habilitações profissionais, desdobrando-se em administração, supervisão e orientação. Na habilitação em administração, o pedagogo estaria preparado para trabalhar na administração escolar – um estudo, portanto, voltado à organização empresarial.

Para saber mais

Para conhecer a história da pedagogia empresarial, sugerimos a obra a seguir, de José Carlos Libâneo, um autor com ampla produção teórica sobre o tema.

LIBÂNEO, J. C. **Organização e gestão da escola**: teoria e prática. 4. ed. Goiânia: Alternativa, 2001.

Em 2005, o Conselho Nacional de Educação publicou as Diretrizes Nacionais do Curso de Pedagogia, relatadas pelas pedagogas Clélia Brandão Alvarenga Craveiro e Petronilha Beatriz Gonçalves e Silva. O texto extinguiu a divisão do curso de Pedagogia em habilitações: "O curso de Pedagogia oferecerá formação para o exercício integrado e indissociável da docência, da gestão dos processos educativos escolares e não escolares, da produção e difusão do conhecimento científico e tecnológico do campo educacional" (Brasil, 2006b, p. 10).

Essa é uma discussão com impactos para o currículo do curso de educador social. Podemos perceber que a educação não escolar está presente na discussão do currículo do curso de Pedagogia, o que demonstra que o pedagogo não escolar é um profissional distinto do educador social. Esse destaque é importante, pois o curso continua destinado à formação de professores. Isto é,

> Sendo a **docência a base da formação oferecida**, os seus egressos recebem o grau de **Licenciados(as) em Pedagogia**, com o qual fazem jus a atuar como docentes na Educação Infantil, nos anos iniciais do Ensino Fundamental e em disciplinas pedagógicas dos cursos de nível médio, na modalidade Normal e de **Educação Profissional na área de serviços e apoio escolar** e em outras em que disciplinas pedagógicas estejam previstas, no planejamento, execução e avaliação de programas e projetos pedagógicos em sistemas e unidades de ensino, e em **ambientes não escolares**. (Brasil, 2006b, p. 10, grifo nosso)

Segundo as atuais Diretrizes Curriculares Nacionais para o Curso de Graduação em Pedagogia, trata-se de um curso integral, não tendo licenciatura (Brasil, 2006a), habilitações ou complementações.

> Art. 4º O curso de Licenciatura em Pedagogia destina-se à **formação de professores** para exercer **funções de magistério** na Educação Infantil e nos anos iniciais do Ensino Fundamental, nos cursos de Ensino Médio, na modalidade Normal, de Educação Profissional na área de serviços e apoio escolar **e em outras áreas nas quais sejam previstos conhecimentos pedagógicos**. (Brasil, 2006a, p. 2, grifo nosso)

Os cursos de licenciatura associam-se ao magistério ou à docência (como se queira nomear). O profissional licenciado no curso de Pedagogia está habilitado a atuar em ambientes não escolares, nas atividades de assessoria, planejamento, execução e avaliação.

Tendo em vista essas constatações, podemos tentar contextualizar a pedagogia social. O que seria uma pedagogia social no Brasil? Um curso de bacharelado ou tecnólogo, já que os educadores sociais não se reconhecem como docentes? Há uma legislação vigente que não assegura a possibilidade de habilitações e ênfases no processo formativo do pedagogo. A pedagogia social seria, portanto, a teoria (disciplina) da educação social, como alguns autores vêm defendendo? Ou representa uma luta para a construção de um curso específico para educadores sociais, que ainda não conseguiram identificar que tipo de formação seu trabalho demanda?

> A Pedagogia Escolar tem uma história e é amplamente desenvolvida pela didática, ciência ensinada nas universidades. A Pedagogia Social se desenvolve dentro de instituições não formais de educação, é uma disciplina mais recente que a anterior. Nasce e se desenvolve de modo particular no século XIX como resposta às exigências da educação de crianças e adolescentes que vivem em condições de marginalidade e pobreza, de dificuldades na área social; em geral, essas pessoas não frequentam ou não puderam frequentar as instituições formais de educação. Um dos principais objetivos da Pedagogia Social é o de agir sobre a prevenção e recuperação das deficiências de socialização, de um modo especial lá onde as pessoas são vítimas da insatisfação das necessidades fundamentais. (Paiva, 2010, p. 9)

Paulo (2013) e Paiva (2010) demonstram preocupação com uma educação não escolar referenciada por políticas sociais e realizada por não professores, embora desenvolvam atividades educativas que demandam conhecimentos pedagógicos, metodológicos e políticos.

É relevante sublinhar que a visão desses autores nem sempre está perfeitamente alinhada. Alguns defendem a educação social como prática da pedagogia social (Silva et al., 2011). Outros acreditam na necessidade de um curso com o nome de *Pedagogia Social*, na perspectiva da educação popular (Paulo, 2013). Compreendemos o tema em consonância com Machado (2010, p. 36): "Existem diferentes perspectivas que embasam teórica e metodologicamente a Pedagogia Social".

Também é importante refletir sobre o pensamento de outros autores. Pinel (2006) afirma que Paulo Freire é um marco teórico da ação interventiva da pedagogia social. Paiva (2010, p. 13) entende que

> Freire é considerado um dos principais construtores do conceito Educação Popular e um dos principais referenciais para a Pedagogia Social de Rua. Pode-se inclusive afirmar que Paulo Freire é um dos mais importantes teóricos da Pedagogia Social e que sua obra é reconhecida internacionalmente nessa perspectiva e tem servido de base para Pedagogia Social nos países europeus.

Machado (2010, p. 129) localiza a área de pedagogia social da seguinte forma:

> Pedagogia Social é a Teoria Geral da Educação Social assim como a Pedagogia Escolar é a Teoria Geral da Educação Escolar. Pedagogia Social constitui a fundamentação teórica e metodológica para as práticas de Educação social, popular e comunitária, que tem estatuto epistemológico dentro das Ciências da Educação na Europa, mas era praticamente desconhecida no Brasil, onde estas práticas alternativas à Educação Escolar eram pejorativamente denominadas Educação não forma.

Paulo, Bierhals e Conte (2013, p. 140) apontam:

> Coerente com a história da educação popular no Brasil, Graciani (1999) concebe a educação popular como base para a pedagogia social de rua, e diz entender a educação popular como prática social que propõe a transformação social. Da mesma forma, Scocuglia (2009) defende que a pedagogia social no Brasil, na perspectiva Freiriana, pode vir a se constituir numa educação contra-hegemônica, ou seja, educação popular.

Paulo (2013, p. 62-63) complementa:

> A outra frente de luta do movimento de educadores(as) é a retomada da UFRGS para a construção de um curso de Pedagogia Social com ênfase em Educação Popular. Essa demanda surgiu nas formações realizadas na AEPPA. [...]
>
> Após isso, a AEPPA, através dos seus núcleos e da gestão compartilhada, elaborou um documento para entregar ao diretor da

Faculdade de Educação, bem como contatou o mesmo, solicitando uma agenda, a qual foi aceita e marcada para o dia 16 de abril de 2012. Nesse dia, foi entregue um documento propondo à FACED a organização de um Curso de Graduação em Pedagogia Social: Educação Popular, de modo a qualificar os(as) educadores(as) que atuam na área da Educação e da Assistência Social na cidade de Porto Alegre, bem como constava, em anexo, uma lista formatada contendo nomes de educadores(as) e seus respectivos espaços de trabalho, a fim de contribuir na justificativa da demanda por formação.

Esses excertos permitem esboçar uma tese: Freire é um autor referenciado na educação não escolar e a pedagogia social é um tema em destaque, sobretudo a partir da publicação do livro *Pedagogia social de rua: análise e sistematização de uma experiência vivida*, de Maria Stela Santos Graciani. Além disso, também podemos apontar a falta de consenso sobre o que seria pedagogia social no Brasil.

Paulo (2013) esclarece que Freire não separa a teoria da prática. Portanto, a autora considera inapropriada a utilização do célebre educador para dividir a educação social como prática e a pedagogia social como sendo a teoria dessa prática (educação social).

Para saber mais

Sobre a história da pedagogia social brasileira, sugerimos a leitura da dissertação de Érico Ribas Machado (2010). No resumo do trabalho, encontramos uma síntese que nos apoia no entendimento histórico da constituição do debate da pedagogia social:

> A Pedagogia Social surge na Alemanha, no final do século XIX e início do século XX, atrelada a um contexto social, buscava a organização de uma área que pretende atuar em diferentes ambientes educativos, sendo reconhecida como uma área acadêmica e de formação profissional. **No Brasil, as discussões sobre Pedagogia Social surgem no início do século XX, relacionadas à Educação Popular** que, na época, possuía o significado de escolarização das massas. (Machado, 2010, p. 14, grifo nosso)

Sobre o Brasil, em especial, o autor explica:

> Ressalta-se que a primeira publicação sobre a Pedagogia Social no Brasil, já mencionada anteriormente, a qual conta com publicações de autores de diversos países, será de fundamental importância nesta pesquisa.
> A Pedagogia Social é considerada a ciência da Educação Social. Nessa perspectiva, os dois conceitos aparecem, algumas vezes, juntos nas definições formuladas pelos pesquisadores. Além desses conceitos, o conceito de Trabalho Social aparece relacionado ao de Educação Social/ Pedagogia Social. (Machado, 2010, p. 36)

Por julgarmos essencial, citaremos algumas das referências internacionais utilizadas por Machado (2010): Antonio Petrus, Violeta Núñez, José Antonio Caride, Juan Sáez Carreras, Bernd Fichtner e Susana Torío López. Muitos desses autores tiveram seus textos publicados no livro *Pedagogia social*, organizado por Roberto da Silva, João Clemente de Souza Neto e Rogério Moura.

Roberto da Silva é professor da Universidade de São Paulo (USP) e foi ele quem trouxe o tema da pedagogia social, de forma abrangente, para o Brasil:

> O I Congresso Internacional de Pedagogia Social – CIPS, realizado entre os dias 8 e 11 de Março de 2006, resultou de parceria entre a Faculdade de Educação da Universidade de São Paulo, a Universidade Presbiteriana Mackenzie e as Faculdades Metropolitanas Unidas. Sob coordenação do Professor Roberto da Silva, da Faculdade de Educação da USP, este evento contou com mais de 800 participantes. Com 54 publicações, disponíveis na base Scielo. (Machado, 2010, p. 125)

Sobre a obra citada, que já conta com vários volumes, afirma Machado (2010, p. 127, grifo nosso):

> As comunicações científicas e algumas das conferências dos dois CIPS, juntamente com outras produções nacionais e internacionais sobre o tema, resultaram em uma coletânea publicada em 2009, sob organização dos Professores João Clemente de Souza Neto, Roberto da Silva e Rogério Moura. **Intitulado *Pedagogia Social*, este pode**

ser considerado o primeiro livro da área no Brasil. Para divulgação do livro e aprofundamento das discussões referentes à área no Brasil, foram realizadas as Jornadas de Pedagogia Social, que delineariam os próximos passos desse movimento.

O mesmo autor faz um apontamento que parece representar parte da história da pedagogia social no Brasil:

> **as origens da Pedagogia Social no Brasil estão atreladas às origens da Educação Popular**, que, no início do século XX, possuíam um significado relacionado ao processo de democratização do ensino escolar para a população. Com o decorrer da história, pode-se compreender que os elementos econômicos, sociais, políticos e educacionais influenciaram em uma mudança no conceito de Educação Popular e que, por sua vez, também estão direcionando as novas discussões da Pedagogia Social. (Machado, 2010, p. 171, grifo nosso)

Nessa toada, Paulo (2013) ressalta que, no Brasil, a fundamentação da pedagogia social é Paulo Freire, o qual tem como perspectiva teórico-metodológica a educação popular.

Para saber mais

Os textos a seguir contribuem para a compreensão dos conceitos de educação popular e de pedagogia social, além de apresentar a educação não escolar como espaço de práticas pedagógicas.

PAULO, F. S.; BIERHALS, P. R.; CONTE, I. I. Educação popular e pedagogia social: um encontro possível no caso de Porto Alegre? **Educação: Teoria e Prática**, Rio Claro, v. 23, n. 43, p. 128-144, maio/ago. 2013.

SANTOS, K; PAULO, F. S. (Des)encontros entre a educação popular e a pedagogia social. **Ensino & Pesquisa**, v. 15, n. 2, p. 159-160, jul. 2017.

SEVERO, J. L. R. L. Educação não escolar como campo de práticas pedagógicas. **Revista Brasileira de Estudos Pedagógicos**, Brasília, v. 96, n. 244, p. 561-576, set./dez. 2015.

2.2 Educação social é a prática da pedagogia social?

No Brasil, há grupos de pesquisadores que vêm produzindo trabalhos sobre educação social. São autores influenciados pela educação europeia, sobretudo da Espanha e da Alemanha, como Johann Heinrich Pestalozzi, Paul Gerhard Natorp, Herman Nohl, Claudio Volpi, Lorenzo Luzuriaga, José Antonio Caride Gómez, Jose Maria Quintana Cabanas, Violeta Núñez e José Ortega Esteban.

É interessante notar que, em alguns casos, são usadas as denominações *educação social* e *pedagogia social* como sinônimos ou como conceitos separados: *educação social* como prática e *pedagogia social* como teoria. Em outros casos, *educação social* aparece como sinônimo de *educação não formal*.

Os primeiros debates sobre educação social no Brasil emergiram em São Paulo, no ano de 2009, com o professor Roberto da Silva. O contexto inicial foi um curso de especialização. Depois, o tema adentrou o Programa de Mestrado em Educação da Universidade Estadual de São Paulo – USP (Machado, 2014). Pelo trabalho de Roberto da Silva, constituiu-se, na primeira década do século XXI, uma comunidade científica entre pesquisadores nacionais e internacionais em torno das fontes da pedagogia social no Brasil. As publicações da área reiteram a importância de Paulo Freire, sempre um dos autores mais citados.

Silva, Souza Neto e Moura (2009) referem-se à pedagogia social como **teoria geral da educação social**. A educação popular e os sujeitos supostamente se vinculam a essas concepções – o educador social, o educador popular e o educador comunitário –, estando relacionados ora como parte da pedagogia/educação social, ora como característica das experiências brasileiras.

Machado (2014) aponta que, na Espanha e em alguns outros países europeus, o educador social é diplomado em Educação Social.

Na Alemanha, na Áustria, na Dinamarca, na Islândia, na Suécia e na Suíça, o profissional da área é identificado como *pedagogo social*, embora nem sempre se valha da concepção de educação social. Nesses países, são utilizados termos como *socioeducação*, *campo social* e *pedagogia social*.

Na Espanha, a educação social nem sempre está no contexto da educação não escolar. O filósofo alemão Paul Natorp (1992) tem influenciado a definição de educação social naquele país, principalmente em função da obra *Pedagogía social: teoria de la educación*, publicado em 1899, que aborda a pedagogia social. Natorp é considerado um dos educadores diretamente influenciados por Pestalozzi, tendo sido um dos principais comentadores das ideias pedagógicas do pedagogo suíço (Natorp, 1992; 2001; Würth, 1971).

O educador Johann Pestalozzi, por sua vez, escreveu sob o impacto de sucessivas guerras, que geraram um contexto de desigualdade social. Por isso, preocupou-se com a educação dos pobres, defendendo uma reforma social em que a educação tivesse por base a assistência social. Trabalhando principalmente com menores desajustados, defendeu uma educação prática para reajustar esses jovens à sociedade. Em virtude de seu trabalho em orfanatos, foi reconhecido como "pai dos pobres órfãos". Humanista, espontaneísta e idealista, preocupou-se com os problemas sociais gerados pela miséria e pela pobreza, lutando contra as injustiças sociais e a favor da educação formal (escolar) assistencialista (Paulo, 2018).

Conforme Würth (1971), a pedagogia de Pestalozzi nasceu da prática, isto é, o trabalho manual. Deste, partiu para as aulas, ou seja, a teoria. Na atualidade, alguns grupos de pesquisadores brasileiros da pedagogia social a consideram uma ciência da educação social. É importante destacar Núñez (1999), para quem a pedagogia social é o marco teórico da educação social. Núñez

(2002) vê aproximações entre a pedagogia social e o contexto de surgimento do que se identifica como educação social no Brasil em textos de José Antonio Caride Gómez, José Ortega Esteban, Juan Sáez Carreras, Hebe Tizio e Graciela Frigerio.

De modo geral, esses autores indicam que a educação social é um desafio da pedagogia social. Vinculando-se a uma das pautas da educação brasileira, a pedagogia social apresenta-se como formadora dos profissionais denominados *educadores sociais* na Espanha. Outra concepção é a de Caride (2005), que concebe a educação social como objeto de estudo da pedagogia social, definindo-a como ciência, disciplina e profissão do social.

Matuda (2008) caracteriza a educação social como sinônimo de educação não escolar. Contudo, trata da área de educação social com conteúdo e abordagens específicas. Ele acompanha a divisão da educação em três categorias: educação formal, informal e não formal. Sua obra dialoga com Afonso (2001), cuja classificação não utiliza o termo *educação social*. Para ele, a educação não formal pode ser relacionada a fatores muito diversos, como a crise da escola pública (Afonso, 2001). Alerta, entretanto, "que o não escolar não pode ser construído contra a escola, nem servir a quaisquer estratégias de destruição dos sistemas públicos de ensino, como parecem pretender alguns dos arautos da ideologia neoliberal" (Afonso, 2001, p. 31).

Trilla (1996) não separa as concepções de educação formal, informal e não formal, pois entende que a classificação em partes impossibilita a visão de totalidade da educação.

Em síntese, a educação não formal é entendida como um campo de atuação. Seu sentido é similar ao conceito de educação social que estamos considerando neste livro e que definimos também como educação não escolar.

2.3 Perspectivas epistemológicas e paradigmáticas na educação social: aspectos históricos e atualidade

Para você, o que é perspectiva? Podemos destacar o sentido de "concepção", "visão", "compreensão" e "pensamento". Juntando o termo *perspectiva* às palavras *epistemológica* e *paradigmática*, temos que *perspectiva* é um horizonte filosófico e gnosiológico, uma teoria do conhecimento. **Epistemologia** é a área da filosofia que estuda o conhecimento. **Paradigma** é um modelo conceitual aceito e propagado por um conjunto de pesquisadores.

Com base em suas experiências, o educador social vai produzindo saberes que contribuirão para a produção de teorias que ajudarão a definir paradigmas epistemológicos da educação não escolar. Em nossas experiências, a educação não escolar institucionalizada/formalizada é uma forma de **educação diretivo-relacional**. Isto é, o educador não é o centro do processo educativo, tampouco compreende sua função como um fazer sem diretividade. A diretividade relacional com a qual o educador trabalha aproxima-se da perspectiva de Paulo Freire (1987), segundo a qual educador e educando constroem conhecimentos juntos. Rejeita-se, portanto, uma acepção exógena (externa), na qual o conhecimento se direciona do objeto para o sujeito.

Em síntese, na perspectiva epistemológica do trabalho social que tem como mote a educação libertadora (pedagogia crítica), o conhecimento da vida se apreende na mediação de saberes e experiências entre **educador e educando** (S↔S) e **sujeito e objeto** (S↔O).

A educação social é uma concepção defendida até por pesquisadores contraditórios entre si. Neste livro, defendemos a compreensão de que toda educação é social e que educadores sociais trabalham com a educação não escolar institucionalizada/formalizada.

Outros pesquisadores utilizam o termo *educação social* para a ação direcionada à população em situação de vulnerabilidade social. Esta seria uma educação fora da escola, vinculada ao sistema de garantia de direitos do Brasil, realizada em contextos de exclusão social, pobreza e violência. Há uma forte ligação entre educação e serviço social.

Compreender e diferenciar as concepções de educação social, educação não escolar e educação não formal contribui para discutirmos o que entendemos por *perspectivas epistemológicas e paradigmáticas na educação social*. Segundo Gohn (2009, p. 28), "As práticas da educação não formal se desenvolvem usualmente extramuros escolares, nas organizações sociais, nos movimentos, nos programas de formação sobre direitos humanos, cidadania, práticas identitárias, lutas contra desigualdades e exclusões sociais".

Nessa definição, identificamos o significado de educação social na atualidade. Entretanto, os educadores que trabalham com direitos humanos, cidadania, lutas contra desigualdades e exclusões sociais atuam em instituições não escolares, mas formalizadas. Dessa forma, não a chamamos de *educação não formal*.

O educador social da educação não escolar institucionalizada/formalizada produz saberes cujo processo educativo visa transformar a vida dos usuários das políticas sociais. Essa é uma das razões pelas quais se luta pela regulamentação nacional da profissão do educador social no Brasil, de modo a garantir uma formação que contemple os conhecimentos específicos dessa ocupação. Diante disso, podemos apontar algumas reflexões:

- Não há perspectiva epistemológica própria para a educação não escolar. O paradigma da educação social associa-se ao espaço de atuação e ao público atendido pelos educadores sociais.
- É necessário resgatar os aspectos históricos da educação não escolar, analisando-os com base nas organizações do terceiro setor. Esse é um tema que exige a discussão sobre a reforma do Estado.

- Os educadores sociais reconhecem que Paulo Freire é uma referência de seu trabalho e precursor da educação popular. No entanto, desconhecem autores específicos da educação social. Cabe destacar, aliás, o fato de vários municípios celebrarem o Dia do Educador Social em 19 de setembro, data de nascimento de Freire.
- Nem todos os profissionais encontrados nos espaços de atuação são educadores sociais. Um coordenador, por exemplo, pode ter formação em Pedagogia ou Assistência Social. Isso nos mostra que existem outras profissões na educação não escolar, caracterizando-se equipes multidisciplinares.
- No Brasil, já existem cursos superiores de Educador Social, porém são pouco conhecidos.
- Para quem deseja trabalhar com educação não escolar, cursar Pedagogia ainda é um desafio. Mesmo com disciplinas que tratam de educação em outros contextos educativos, o currículo da que tratam de permanece muito focado em escolarização.
- O educador social sem formação superior apresenta limitações referentes a saberes específicos para apoiar sua atuação, sobretudo, conhecimentos relativos às políticas públicas para a área.

Em suma, o contexto histórico da educação social e da pedagogia social no Brasil é um campo novo a ser investigado. Entre os profissionais da educação não escolar estão os educadores sociais. A educação não escolar institucionalizada no Brasil está atrelada ao trabalho comprometido com os direitos humanos, fortalecendo o exercício da cidadania por meio da promoção de uma educação libertadora, cujo conteúdo deve ser emancipatório.

Síntese

- A história da pedagogia geral começa entre os séculos XVIII e XIX, associada à educação escolar e a serviço da sociedade moderna.
- A educação escolar visa à formação cidadã, influenciada pelas diversas correntes filosóficas: tradicional, libertadora, libertária e crítico-social dos conteúdos. Os educadores sociais trabalham

com atividades educativas e pedagógicas com **diretividade relacional: educador e educando** (S↔S) e **sujeito e objeto** (S↔O).
- A pedagogia é a ciência do ensinar e do educar. Portanto, o trabalho do educador escolar tem dimensão educativa e pedagógica.
- Pedagogia social é a **teoria geral da educação social**, assim como a pedagogia escolar é a teoria geral da educação escolar (Machado, 2010, p. 129).
- Grupos reivindicam a abertura de um curso de Pedagogia Social com ênfase em educação popular, entendendo que o curso se destina a educadores não escolares.
- No Brasil, a educação social tem a influência da educação europeia, sobretudo da Espanha e da Alemanha. Machado (2014) destaca que, na Espanha, o educador social é diplomado em Educação Social.
- A prática pedagógica e educativa da educação não escolar no Brasil é institucionalizada/formalizada.

Para saber mais

O artigo de Maria da Gloria Gohn analisa a participação de segmentos da sociedade civil organizada em projetos sociais educativos. Também apresenta o trabalho dos educadores nesses projetos.

GOHN, M. da G. Educação não formal, educador(a) social e projetos sociais de inclusão social. **Meta: Avaliação**, Rio de Janeiro, v. 1, n. 1, p. 28-43, jan./abr. 2009. Disponível em: <http://revistas.cesgranrio.org.br/index.php/metaavaliacao/article/view/1/5>. Acesso em: 2 set. 2019.

Questões para revisão

1. Sobre a pedagogia no Brasil, assinale a alternativa correta:

    a) O termo *pedagogia* remonta à década de 1970, quando a ditadura militar instituiu um curso para professor primário.
    b) O termo *pedagogia* surge no século XIX, com o projeto de lei de Januário da Cunha Barbosa.
    c) Pretendia instituir um sistema de educação incluindo o ensino médio.
    d) A pedagogia não trabalhou as perspectivas pedagógicas (tradicional, libertadora, libertária, crítico-social dos conteúdos etc.) em nenhuma de suas concepções.

2. De acordo com Herbart (2010), a pedagogia era uma ciência de ensinar e educar, ganhando estatuto de cientificidade por meio de propostas metodológicas. A respeito desse contexto, é correto afirmar:

    a) O conhecimento teórico é importante para a formação do educador.
    b) Em seus primórdios, o curso de Pedagogia formava apenas cientistas sociais.
    c) A pedagogia ganhou o *status* atual a partir da Lei de Diretrizes e Bases da Educação Nacional de 1996.
    d) A pedagogia passou a ser considerada ciência somente depois de as propostas metodológicas terem sido testadas com professores construtivistas.

3. Paulo Freire é considerado marco teórico da pedagogia social no Brasil. Isso de acordo com:

    a) o próprio autor.
    b) Vanilda Paiva.
    c) Hiran Pinel e Maria Stela Santos Graciani.
    d) Carl Rogers.

4. Os educadores sociais reconhecem Paulo Freire como referência em seu campo profissional. Vários municípios brasileiros instituíram o Dia do Educador Social em sua homenagem. Qual dia foi instituído para celebrar essa data?
5. Por que Trilla (1996) não separa as concepções de educação formal, informal e não formal?

Questões para reflexão

1. No Brasil, o que seria e como seria a pedagogia social?
2. A denominação *educador social* é sinônimo de *pedagogo social*?

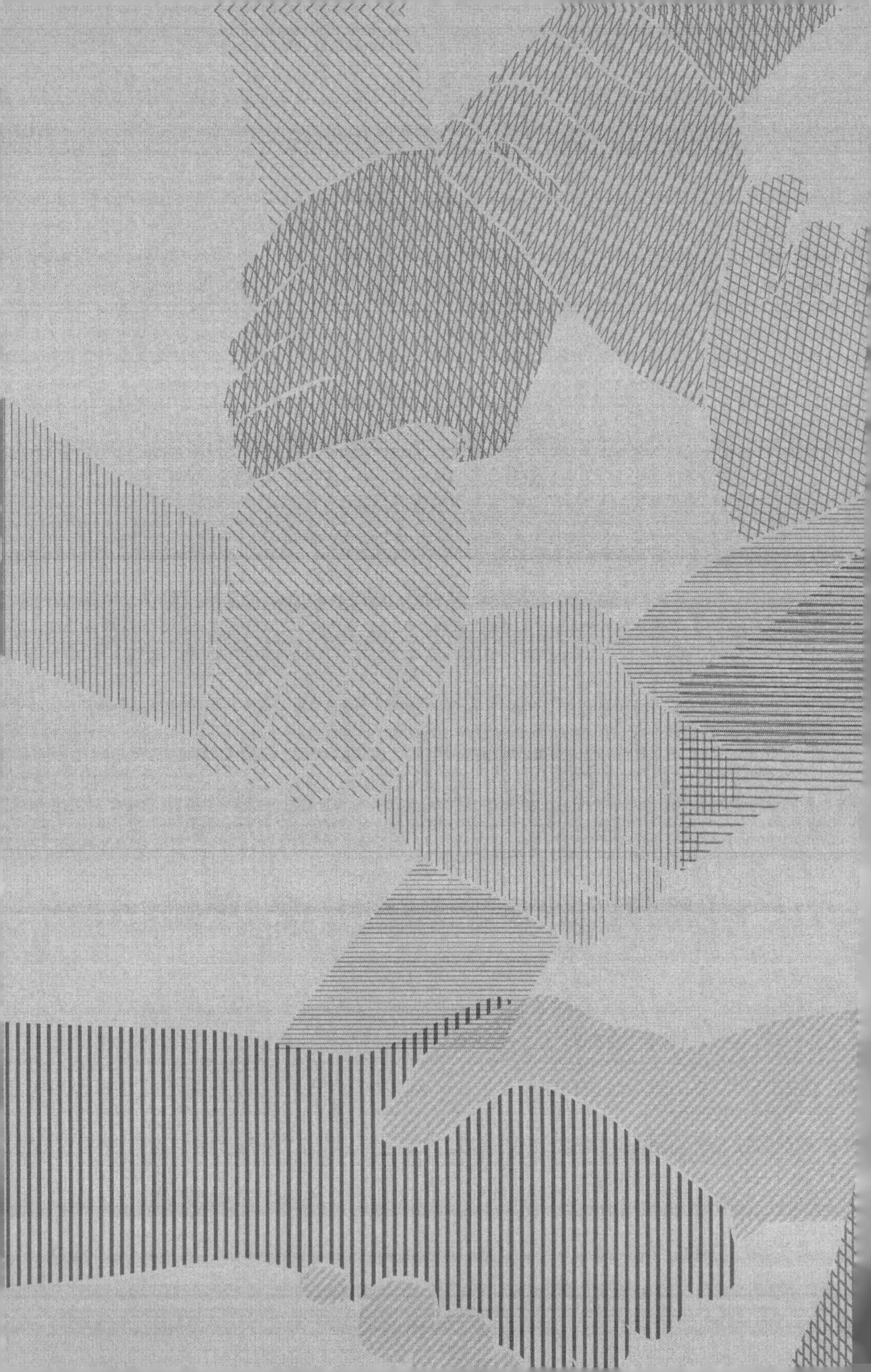

CAPÍTULO 3

Educador social e educador popular:
metodologias da problematização

Conteúdos do capítulo

- O trabalho do educador social como profissional da educação não escolar institucionalizada.
- Diferença entre ser educador social e ser educador popular.

Após o estudo deste capítulo, você será capaz de:

1. distinguir os conceitos de educador social e educador popular;
2. discorrer sobre metodologias da problematização e seus referenciais;
3. compreender a relação entre Paulo Freire, educação popular e as metodologias da problematização.

No capítulo anterior, abordamos a história da pedagogia geral. Tivemos o cuidado de enfatizar a educação escolar e suas diversas correntes filosóficas (tradicional, libertadora, libertária e crítico-social dos conteúdos). Nesse contexto, expusemos o trabalho dos educadores sociais a partir das perspectivas filosóficas. Explicitamos as concepções de pedagogia (escolar e não escolar), destacando a especificidade da pedagogia social. Neste capítulo, trataremos do trabalho do educador social.

3.1 Educador social no Brasil

A ocupação de educador social é recente no Brasil. A atividade está intrinsecamente relacionada às políticas de assistência social e ao trabalho nas organizações sociais. Há indicativos na história da educação não escolar de que havia educadores sociais atuando com a comunidade periférica mesmo antes de a assistência social ser uma política social no Brasil, sobretudo com meninas e meninos de rua.

O livro *Educadores de rua: uma abordagem crítica*, de Paulo Freire, tornou-se um clássico sobre o tema. A obra foi escrita em decorrência de um encontro com educadores sociais, realizado em São Paulo, no mês de outubro de 1985, sob a responsabilidade do Projeto Alternativas de Atendimento a Meninos de Rua Unicef/SAS/Funabem. O autor chama atenção para a expressão *educador social de rua*, oferecendo pistas acerca do surgimento dessa ocupação. Também aponta a relação entre programas sociais, pobreza e acordos internacionais de redução de desigualdades. Além disso, ressalta que o trabalho desenvolvido pelos educadores sociais é realizado em equipe, destinado ao público em situação de rua.

Outro ponto a ser destacado nessa obra de Freire é a formação dos educadores sociais. Na introdução do livro, os organizadores do encontro que deu origem à obra alertam para a demanda por formação acadêmica e para a importância da abordagem metodológica.

A marca teórica da fala de Freire, aqui transformada em texto, permite compreender por que, em sua proposta de educação, ele nunca utilizou o termo *educação social* como um conceito. Desde os primeiros apontamentos, o autor demonstra a perspectiva crítica e a filiação ao marxismo, como observamos neste trecho:

> A presença do Educador Social de Rua não foi inventada para ser mais um na equipe, ela aparece em razão da necessidade constatada no trabalho do dia a dia, frente ao reconhecimento da ineficiência institucional repressora e isolada, na busca de um atendimento a esse contingente espoliado que são os meninos de rua, filhos dos expropriados dos meios de produção. (Freire, 1989, p. 14)

O autor destaca os sujeitos atendidos no programa: meninos e meninas de rua, filhos dos expropriados dos meios de produção. Paulo Freire está falando da luta de classe, da miséria, da opressão, da dominação institucional que ignora a desigualdade social. Em segundo lugar, aponta a causa da necessidade do trabalho do educador social: a pobreza e a ineficiência do Estado. Lembremos que esse livro foi publicado em 1989, um ano depois da promulgação da Constituição Federal.

Sobre metodologias, destacamos a seguinte passagem:

> Por estas razões, o Educador de Rua deve acrescentar a sua preparação acadêmica os conhecimentos de uma metodologia para abordar, compreender, respeitar e ajudar o menor de rua como sujeito participante e ativo e não como objeto do processo inovador que pode assegurar seu futuro como indivíduo integrante da sociedade a que pertence. (Freire, 1989, p. 9)

Freire evidencia a necessidade da formação universitária atrelada à questão metodológica. A aplicação de metodologias participativas (pesquisa participante e pesquisa-ação) cria condições para um trabalho político-pedagógico crítico, que busca a transformação da realidade. Por isso, os pioneiros da educação popular freiriana trabalham com o tema das metodologias desde os anos 1950 (Paulo, 2018). Esse é o legado da educação popular, que surge como o mais apropriado para a atuação do educador social.

Considerando a história teórico-prática da área, gostaríamos de ressaltar dez itens relacionados ao trabalho do educador social, como uma síntese daquilo que os educadores populares desenvolvem desde os anos 1950:

1. O trabalho de educação popular é processual. Não esperemos por resultados rápidos e objetivos.
2. Não há modelos prontos. Existem somente princípios e concepções embasados por determinada teoria do conhecimento.
3. Ninguém é melhor que ninguém. Todos somos bons em algumas coisas e ignoramos outras. Somos capazes de aprender e ensinar em tempos e espaços diferentes. Por isso, não devemos avaliar por meritocracia, e sim de maneira formativa e processual.
4. As metodologias da educação popular não focam apenas a intervenção. Elas mobilizam coletivos em busca de transformação social.
5. A metodologia da educação popular extrapola a situação concreta conjuntural. Seu projeto é mais amplo, de mudança estrutural. Ela se compromete com um projeto de comunidade, de cidade e de sociedade.
6. A metodologia da educação popular tem intencionalidades e objetivos claros. Requer comprometimento, criatividade e solidariedade.
7. A metodologia da educação popular exige participação e construção coletiva.
8. A proposta metodológica faz a prática, que, por sua vez, faz a proposta metodológica. Ou seja, a metodologia da educação popular pressupõe a dimensão dialética.
9. O educador não é o único detentor dos saberes-fazeres. A proposta metodológica da educação popular exige partilha, organização, poder popular e compromisso com os interesses dos coletivos.
10. A proposta metodológica da educação popular demanda escuta, diálogo, sistematização e participação. Ou seja, buscam-se vivências democráticas, controle social, decisões coletivas e a disseminação da cultura de participação crítica.

3.2 Quem é o educador popular?

O educador popular é o militante da **educação popular**. Porém, essa não é sua profissão, como destacam Paulo e Machado (2018, p. 178) no verbete do *Dicionário Paulo Freire*:

> Ser educadora popular e educador popular, conforme Paulo (2013), não é profissão, não está relacionado ao tipo de tarefa desenvolvida (escolar ou não escolar, ser médico/a ou educador/a social etc.), mas a uma opção, fundamentada pela educação popular. Em outras palavras, ser educadora ou educador popular é uma opção política que passa pela opção de classe social, a dos oprimidos.

Na dissertação de Paulo (2013), identificamos uma concepção de educador popular pensada a partir de lutas populares. A autora analisa o trabalho desenvolvido pelos educadores populares de Porto Alegre, inseridos em associações comunitárias de bairro conveniadas à prefeitura e ao governo estadual do Rio Grande do Sul. Ali, os educadores populares exercem múltiplas ocupações, como educador da educação infantil, professor, coordenador pedagógico e educador social, executando políticas da educação e assistência social. Em seu estudo, Paulo (2013) buscou relacionar o trabalho dos educadores populares aos processos formativos organizados pela Associação de Educadores Populares de Porto Alegre (Aeppa). A autora também resgatou as lutas populares da capital gaúcha, desde as políticas destinadas às crianças e adolescentes das comunidades populares, associando-as à história da Aeppa, dos movimentos sociais populares e da educação popular no Brasil.

A pesquisa aponta os limites e as lutas dos educadores pelo direito à formação profissional à luz da educação popular. Foram constatados processos de precarização do trabalho e de desvalorização dos saberes do educador. De forma complementar, a autora destacou que o Poder Público se eximiu de suas responsabilidades para com as políticas públicas ao burocratizá-las com convênios.

Com isso adotou uma postura de invisibilidade intencional em face do trabalho socioeducativo realizado pelos educadores populares. Os sujeitos participantes do estudo sinalizaram a urgência de uma pedagogia social com ênfase na educação popular, construída interdisciplinarmente com os educadores.

Para saber mais

Leia a pesquisa completa de Fernanda dos Santos Paulo em: PAULO, F. dos S. **A formação do(as) educadores(as) populares a partir da práxis**: um estudo de caso da AEPPA. 273 f. Dissertação (Mestrado em Educação) – Universidade Federal do Rio Grande do Sul, Porto Alegre, 2013. Disponível em: <https://lume.ufrgs.br/handle/10183/72141>. Acesso em: 11 fev. 2020.

Consultando novamente o *Dicionário Paulo Freire*, localizamos um verbete sobre metodologia do trabalho popular, de autoria de Conceição Paludo (2018). A autora traz no texto parte de uma entrevista de Paulo Freire concedida a Nilcea Lemos Pelandre em 1993. No trecho, Freire afirma que sua concepção é crítica e dialética da prática educativa e que seu método é o de conhecer, e não o de ensinar. Percebemos que a definição de *educador social* e a de *educador popular* se assemelham, pois ambas implicam a ideia de que conhecer é um direito humano, parte de nossa vida para além dos muros da escola.

Conforme explica Paludo (2018, p. 315):

> Os principais pressupostos para a recriação do método, conforme Freire (1984, 1995, 2003), são: a) comunhão efetiva de quem trabalha junto do povo e com o povo, o que requer a tomada de posição na luta de classes e a firmeza na convicção da vocação ontológica dos seres humanos para ser mais; b) ter clareza de que o trabalho popular emerge das contradições da sociedade capitalista e deve se alicerçar nas situações limites, vivenciadas pelo povo, que necessitam ser superadas; c) não enganar, não manipular, não convencer, mas trabalhar na perspectiva da ampliação da leitura crítica de mundo – conscientização.

Ao lermos a síntese do pensamento de Paulo Freire, constatamos que é inegável sua contribuição para a educação não escolar e para o trabalho dos educadores sociais. Suas metodologias são problematizadoras e não há modelos. Entretanto, podemos nos inspirar na *Pedagogia do oprimido* (Freire, 1987). Com base em uma experiência concreta, o terceiro capítulo apresenta uma forma de aplicar a metodologia participativa.

Muitos educadores reinventaram a metodologia de Freire no processo de alfabetização de adultos, como o exemplo descrito em Paulo (2018). É preciso ressaltar que a educação não escolar requer estudos de diferentes contextos. O processo metodológico é uma das temáticas a serem aprofundadas na formação de educadores sociais, pedagogos e outros profissionais que venham a atuar nessa área. Sabemos, por exemplo, de pedagogos que atuam como coordenadores pedagógicos do Serviço de Convivência e Fortalecimento de Vínculos (SCFV)[1]. Muitas vezes, seus enfoques e perspectivas teórico-metodológicas voltam-se para a realidade escolar. Isso ocorre em virtude da quase inexistência da abordagem da educação não escolar nos cursos de Pedagogia, da ausência de práticas educativas nesses espaços durante o processo de formação e da pouca produção de metodologias do trabalho educativo em contexto não escolar institucionalizado.

Se entendemos que toda educação é social, devemos assumir que a luta brasileira é por uma formação de educadores sociais numa perspectiva crítica. Para isso, Paulo Freire é a principal referência, pois aborda os aspectos históricos, teóricos, éticos e políticos que compõem as metodologias problematizadoras da vida cotidiana, com vista a alcançar a emancipação humana.

---

1 O Serviço de Convivência e Fortalecimento de Vínculos (SCFV) realiza atendimentos em grupo. São atividades artísticas, culturais, de lazer e esportivas, entre outras, de acordo com a idade dos usuários. É uma forma de intervenção social planejada que cria situações desafiadoras, estimula e orienta os usuários na construção e reconstrução de suas histórias e vivências individuais, coletivas e familiares (Brasil, 2015a).

A educação não escolar institucionalizada é muito recente no Brasil. Felizmente, o país já conta com muitos pesquisadores dedicados a escrever sobre o lugar do educador social na área da educação. Como vimos, esses estudos têm influência espanhola e alemã, que faz emergir novas concepções de educação para esse campo. O político e o ético se entrelaçam nessa busca, fazendo da educação não escolar institucionalizada um ambiente rico e de grande potencial.

> **Curiosidade**
> Os primeiros educadores sociais do Brasil pertenciam ao Movimento Nacional de Meninos e Meninas de Rua (MNMMR) e às pastorais. O MNMMR existe desde 1982. Sugerimos que você pesquise esse movimento e as políticas públicas voltadas para a população em situação de rua.

Síntese

- A conquista dos direitos sociais para crianças e adolescentes é decorrente dos **movimentos sociais**, sobretudo daqueles surgidos na década de 1980. Havia educadores sociais atuando com a comunidade periférica mesmo antes do reconhecimento da assistência social como política pública, sobretudo no trabalho com meninas e meninos de rua.
- Paulo Freire trata do tema da educação não escolar associando-a à luta de classe, à miséria, à opressão e à dominação institucional que ignora a desigualdade social. Ele escreveu sobre suas experiências como estudante, educador e trabalhador. Sua concepção de educação é a **educação popular**.
- A educação popular é processual. Não esperemos por resultados rápidos e objetivos.
- **Educador social** não é sinônimo de pedagogo social nem de educador popular. Educador social é uma profissão. Educador

popular é uma causa pela qual se milita, independentemente de sua ocupação profissional.
※ A metodologia da educação popular pressupõe diálogo, escuta ativa, participação, reflexão e ação individual e coletiva, ou seja, pesquisas participantes.

Para saber mais

As leituras indicadas a seguir são importantes para aprofundar a compreensão sobre o conceito e a função do educador popular.

PAULO, F. dos S.; MACHADO, R. de C. de F. Educadora popular/educador popular. In: STRECK, D. R.; REDIN, E.; ZITKOSKI, J. J. (Org.) **Dicionário Paulo Freire**. Belo Horizonte: Autêntica, 2018. p. 177-179.

PAULO, F. dos S. Educação popular no cenário gaúcho: contribuições para a formação de educadores sociais. **Revista Cocar**, Belém, v. 13, n. 25, p. 307-324, jan./abr. 2019.

ZUCCHETTI, D. T.; MOURA, E. P. G. Práticas socioeducativas e formação de educadores: novos desafios no campo social. **Ensaio: Avaliação e Políticas Públicas em Educação**, Rio de Janeiro, v. 18, n. 66, p. 9-28, jan./mar. 2010.

Questões para revisão

1. Sobre metodologia do trabalho social em Paulo Freire, assinale a alternativa correta:

    a) Não há modelos prontos. Existem princípios e concepções embasados por determinada teoria do conhecimento de vertente crítica. A metodologia é participativa, dialógica e ativa, no sentido de provocar ação e intervenção.
    b) É necessário seguir as orientações que constam na obra *Pedagogia do oprimido*.

c) Com base na *Pedagogia do oprimido*, a metodologia visa formar cidadãos políticos para o ingresso na vida política do país.
d) Com base na *Pedagogia do oprimido*, a metodologia é orientada por ações espontâneas sem diretividade, provocando a autonomia dos educandos.

2. Sobre os cursos de Pedagogia no Brasil, assinale a alternativa correta:

a) Existem cursos de Pedagogia com ênfase na educação não escolar.
b) Os cursos formam pedagogos sociais, uma profissão regulamentada há décadas.
c) Nenhum curso de Pedagogia aborda a educação não escolar.
d) Nos cursos de Pedagogia, praticamente inexiste uma abordagem da educação não escolar.

3. Para Paulo (2013, 2018), o educador popular é:

a) sinônimo de educador social.
b) uma profissão a ser regulamentada.
c) o educador que trabalha fora da escola e com pobres.
d) um militante da educação popular, e não necessariamente um profissional.

4. Paulo Freire trata do tema da educação não escolar associada à luta de classe, à miséria, à opressão e à dominação institucional que ignora a desigualdade social. Ele escreveu sobre suas experiências como estudante, educador e trabalhador. Tendo isso em vista, qual é a concepção de educação para esse educador?

5. Cite dois tipos de exercício de metodologias participativas que possibilitam um trabalho político-pedagógico crítico que busque a transformação da realidade.

Questão para reflexão

1. Paulo Freire, no livro *Pedagogia da autonomia*, afirma que sua concepção de educação é crítica e dialética da prática educativa. Seu método, afirma ele, é de conhecer, e não de ensinar. Quais são as relações entre essa afirmação e a metodologia da problematização?

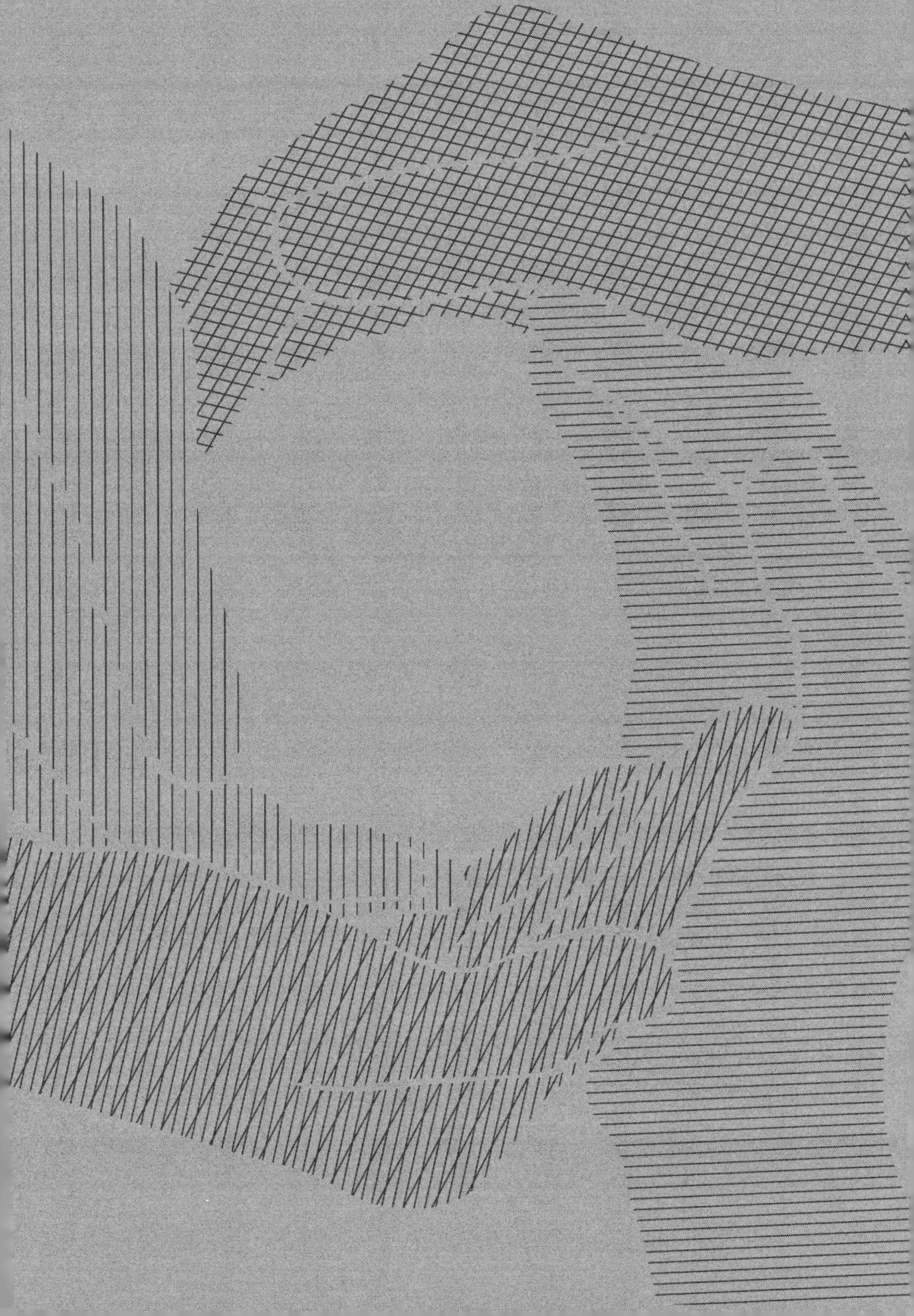

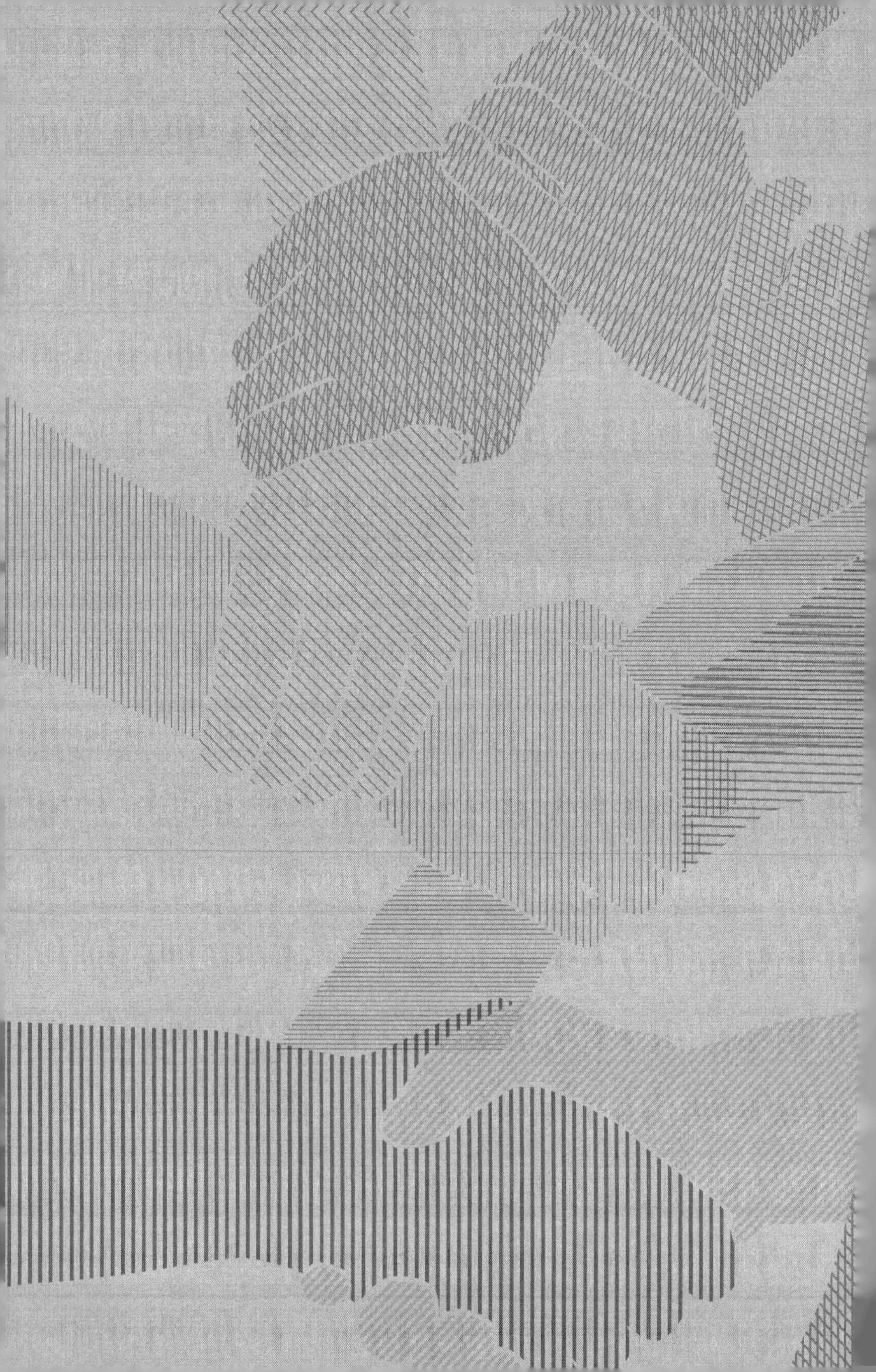

CAPÍTULO 4

Espaços de atuação e de práticas de educação não escolar

Conteúdos do capítulo

- Educação não escolar e seus desdobramentos.
- Inspirações teórico-práticas de pedagogias revolucionárias.
- Projetos e políticas de educação não escolar institucional em seus aspectos legais.

Após o estudo deste capítulo, você será capaz de:

1. aplicar adequadamente os conceitos de educação não escolar;
2. discorrer sobre o tema da educação não escolar, suas influências históricas e teóricas no âmbito das concepções de educação;
3. reconhecer a história da educação não escolar e quem são os educadores sociais nesse processo histórico;
4. reconhecer os aspectos legais e as formalidades do processo de execução de políticas sociais para a educação não escolar institucionalizada.

No capítulo anterior, apresentamos o lugar do educador social, a conquista de políticas sociais e a importância dos movimentos sociais e da presença de Paulo Freire no tocante ao tema da educação não escolar e da educação popular, expondo a metodologia da educação popular. Tendo em vista essa abordagem, neste capítulo trataremos das concepções de educador social, pedagogo social e educador popular.

4.1 Campo de atuação dos educadores sociais: contextos educativos situados fora dos âmbitos escolares

O espaço de atuação do educador social é o espaço não escolar institucionalizado/formalizado. Ao longo deste livro, apontamos que a educação não escolar pode ser a não institucionalizada. É o caso, por exemplo, da praticada pelos movimentos sociais, por comissões de moradores, por grupos e coletivos de trabalho autônomos e por autogestores, realizada sem vínculo com o Estado ou com empresas. Nesses casos, não há rigidez nos horários e calendários de atividades, tampouco processos administrativos burocráticos.

Park e Fernandes (2005) afirmam que, ao utilizarmos a terminologia *educação não formal*, deixamos de contemplar a complexidade e a realidade dos educadores sociais, que buscam a defender direitos mediante o desenvolvimento de práticas pedagógicas em espaços governamentais e não governamentais, ambos formalizados. É importante sublinhar que há – e deve haver – relações entre os espaços escolares e não escolares, ainda que a escola não seja o lugar de trabalho dos educadores sociais. Essas relações garantem a luta e a defesa voltadas à construção e efetivação das políticas públicas sociais que compõem o sistema de garantia de direitos no Brasil.

Essencialmente, a atuação dos educadores sociais é político-pedagógica. Eles são profissionais que trabalham na linha de frente da defesa dos direitos sociais e humanos dos sujeitos mais empobrecidos, que costumam ter direitos violados. O trabalho desenvolvido por esses profissionais não se confunde com o dos professores ou assistentes sociais. Todas essas categorias desenvolvem relações e perspectivas político-pedagógicas entrelaçadas pela dimensão socioeducativa de suas ações. Entretanto, cada um tem um papel separado.

Os educadores sociais são profissionais que, por estarem inseridos em múltiplos espaços de atuação, contribuem para a formação dos coletivos com os quais trabalham. Em decorrência de sua atuação, as redes de atendimento e garantia dos direitos sociais são fortalecidas. Também são o elo entre a comunidade, a instituição garantidora dos direitos sociais e o Estado, agindo para que este último reconheça e amplie esses direitos. Além disso, fortalecem os laços de pertencimento e de sociabilidade pelo acesso aos direitos sociais, observando o cumprimento da Lei Orgânica da Assistência Social de 1993, que determina que a proteção social é um dos papéis do educador social.

O educador social não trabalha sozinho. Sua função requer a contribuição coletiva das instituições. Esse profissional não deve sobrepor-se a nenhum outro, visto que ele é um dos agentes que visam garantir o pleno acesso aos direitos.

O campo de atuação dos educadores sociais são os contextos educativos situados fora dos âmbitos escolares, com os seguintes públicos:

- pessoas e comunidades em situação de vulnerabilidade social, violência, exploração física e psicológica;
- pessoas e comunidades excluídas socialmente;
- adolescentes e jovens envolvidos em atos infracionais que estejam inseridos em atividades socioeducativas, em regime fechado, de semiliberdade e meio aberto;

- população carcerária participante de programas e projetos educativos;
- dependentes químicos envolvidos em programas e projetos educativos de enfrentamento.

A temática das vulnerabilidades sociais e da violência não é nova, mas a atuação do educador social nesses espaços, sim. Julião, Ribeiro e Godoi (2015) afirmam que a discussão sobre violência com jovens não é um tema novo no país. Porém, ainda precisamos analisá-lo com mais profundidade, em diálogo com a sociedade. Para isso, é necessário suscitar debates sobre aspectos sociais, políticos e ideológicos, capazes de envolver as sociedades contemporâneas.

Em todos os casos, o trabalho é realizado na interface entre as políticas sociais setoriais. As ações do educador social são político-pedagógicas, destinadas à promoção da cidadania.

No Brasil, o trabalho desenvolvido no campo da educação não escolar institucionalizada/formalizada tem características que devem ser pontuadas e observadas, a saber:

- Educadores sociais trabalham em espaços governamentais e não governamentais. A maioria de seus educandos está em situação de vulnerabilidade social.
- Educadores sociais trabalham em espaços não escolares e não atuam como professores.
- Educadores sociais atuam em contexto não escolar, devendo se articular com a educação escolar. É preciso que haja relações intersetoriais, sobretudo porque o objetivo é a garantia de direitos sociais.
- A educação realizada por educadores sociais em contexto não escolar formalizado/institucionalizado busca dirimir problemas sociais causados por desigualdades sociais.
- A maioria dos educadores sociais brasileiros trabalha em instituições que contemplem a relação entre educação e serviço social na luta por políticas públicas.

Nos espaços da educação não escolar, a concepção de educação e a profissão de educador se definem em decorrência de aspectos históricos. Na atualidade, é possível perceber um novo paradigma educacional, já constituído como área de atuação e pesquisa. Algumas instituições chamam essa área de *educação social*, como é o caso da Faculdade de Educação da Universidade Federal do Rio Grande do Sul (UFRGS). Outras a denominam de *educação não escolar*. Todos os estudiosos concordam que esse é um tema a ser explorado e pesquisado, pois ainda é pouco ou nada debatido nos cursos de formação de educadores.

4.2 Os múltiplos espaços de atuação: educação não escolar e educadores sociais na institucionalidade

Os educadores sociais são profissionais da área da educação que atuam na execução das políticas sociais. Ainda não existe a necessidade de escolarização em nível superior para o exercício da profissão, mas há um movimento nacional que defende a obrigatoriedade da graduação. O Projeto de Lei do Senado (PLS) n. 328/2015 (Brasil, 2015c), de autoria do senador Telmário Mota (Pros-RR), regulamenta a profissão de educador social, incluindo a exigência de formação superior. No Brasil, apesar de haver cursos específicos para educadores sociais, a educação básica completa (nível médio) ainda é a escolaridade mínima exigida. Há espaços pelo Brasil que oferecem cursos livres para educadores sociais, que, no entanto, não se aprofundam de acordo com a complexidade da área.

Nesta seção, apresentaremos os espaços de atuação dos educadores sociais e os cursos necessários a uma boa formação na área.

Um dos trabalhos dos educadores sociais é a educação social de rua. Mas o que seriam as atividades pedagógicas com pessoas em situação de rua? Primeiro, vamos recuperar as principais referências sobre educação social de rua e, depois, destacar algumas experiências nesse campo de atuação.

Graciani (2005) é uma das primeiras autoras a escrever sobre a educação social de rua com base em experiências práticas, seguida por Paulo (2013) e Pereira (2009), entre outros. Todos os teóricos utilizam Paulo Freire como referência de análise das práticas educativas de educadores sociais.

Sobre o contexto social e histórico, Oliveira (2007) fornece subsídios para compreender a educação social de rua praticada atualmente. Para o autor, a educação social de rua surgiu na América Latina, no final da década de 1970, quando aumentou o número de pessoas em situação de rua, sobretudo crianças e adolescentes. Os primeiros a trabalhar com esse público foram os agentes de pastoral, hoje denominados *educadores sociais de rua*. A teologia da libertação[1] e autores como Paulo Freire, Célestin Freinet e Anton Makarenko eram referências da educação social de rua. O marco legal da luta desses educadores militantes é a própria Constituição Federal de 1988 e, depois, em 1990, também o Estatuto da Criança e do Adolescente (ECA).

Pensador de referência para a educação social de rua, Paulo Freire foi um dos mais importantes educadores do século XX. Nascido em 19 de setembro de 1921, foi autor de mais de 40 obras, várias delas traduzidas para dezenas de idiomas. Freire tem uma concepção de educação popular revolucionária (Paulo, 2018). Como lembra Brandão (2005, p. 7), "Foi no contato permanente com trabalhadores – quando diretor do SESI recifense – e, também, nos movimentos populares das décadas de 1950 e 1960, que buscou a inspiração para formular suas concepções, especialmente para a elaboração de seu método de alfabetização e educação de adultos".

Freire é considerado por seus estudiosos um andarilho da utopia, semeador de sonhos, amor e esperança de um mundo socialista.

---

1 Corrente teórica da Igreja Católica e outras Igrejas cristãs desenvolvida após o Concílio Vaticano II. No Brasil, orientou a Pastoral das Comunidades Eclesiais de Base.

Seu espírito público se revela na frase: "Ninguém liberta ninguém, ninguém se liberta sozinho: os homens se libertam em comunhão" (Freire, citado por Brandão, 2005, p. 11-12).

Ao propor uma prática educativa crítica, Paulo Freire condenava a prática pedagógica característica das experiências das escolas burguesas. Ele costumava qualificá-las como "educação bancária" e instrumento da opressão.

Para saber mais

Essa perspectiva do pensamento freiriano que estamos abordando é exposta pelo autor, de maneira aprofundada, no segundo capítulo do livro indicado a seguir.

FREIRE, P. **Pedagogia do oprimido**. Rio de Janeiro: Paz e Terra, 1987.

A obra *Educadores de rua: uma abordagem crítica*, de 1989, é referência quase obrigatória em cursos destinados a educadores sociais. Trechos como este justificam a escolha:

> merece menção especial o Educador de Rua, chave do êxito na execução de todo projeto que atende ao menino ou menina na rua e de rua, sem tirá-los do ambiente, respeitando sua liberdade, fortalecendo, quando possível, seus vínculos com a família e sua comunidade, e procurando a satisfação de suas necessidades básicas. (Freire, 1989, p. 9-10)

Com relação ao trabalho formativo com educadores sociais, é valorosa a ênfase que Freire dá à questão de gênero, hoje amplamente discutida no Brasil:

> A problemática da menina de rua é muito grave por sua dupla condição, de abandono e de ser mulher. Na rua, ela está mais exposta, sofrendo as consequências de como se situa o papel da mulher na sociedade. Na família, é rechaçada e o serviço doméstico não é valorizado como trabalho. Além disso, ela sofre as consequências da maternidade prematura, do abandono e da prostituição. (Freire, 1989, p. 12)

A base epistemológica de Freire é o diálogo, a escuta comprometida e o amor às pessoas no sentido de humanização:

> Como se colocar diante da criança?
>
> Colocar-se como pessoa, como agente, respeitando a individualidade da criança, seus valores, suas expectativas. Com autenticidade e verdade, coerência. O importante é saber por quem estamos fazendo **opção** e **aliança**. É o oprimido e não o opressor. Estamos do lado do menino, do explorado, do oprimido. Há uma identificação com os interesses das classes populares. É preciso ter cuidado para não invadir o mundo do menor, caso ele não queira ser abordado. Não ultrapassar o espaço vital do menino, que é real, sem que o menino queira, sem que ele permita. Seria violentá-lo. Esperar o "momento mágico" quando o menino se desarmar. Ter paciência histórica para iniciar o processo, para aguardar a plenitude desse momento – o momento em que se descobre o mistério existencial do menino. (Freire, 1989, p. 13, grifo do original)

Assim como Paulo Freire, Célestin Freinet (1896-1966) é reconhecido como um educador marxista. Oriundo do movimento da Escola Nova, confiava no ser humano e apostava na transformação social, acreditando que as mudanças deviam ocorrer dentro da escola. Defendia que é pelo trabalho que se prepara para o trabalho, porque vivemos numa escola e numa sociedade do trabalho (Legrand, 2010). Para Freinet, o trabalho e a cooperação eram essenciais no processo educativo, criando uma pedagogia do trabalho.

Já Anton Makarenko (1888-1939) é considerado o professor do coletivo. Defendia que o educador social, apesar de não ser professor, é um educador que tem por base o trabalho coletivo. A pedagogia de Makarenko é conhecida por transformar centenas de crianças e adolescentes marginalizados em cidadãos críticos, participativos e autônomos (autogestores).

Ribeiro (2006) e Paulo (2018) vêm discutindo a educação popular socialista, em que a pedagogia do trabalho se inscreve numa concepção de educação com vista à emancipação humana. Graciani (2005) afirma que o educador social de rua é um profissional que trabalha com crianças e adolescentes em situação de risco social e pessoal e que sua prática pedagógica é a de um agente comprometido com a luta das camadas populares. A autora cita Paulo Freire e a *Pedagogia do oprimido*, enfatizando a importância da educação popular como prática de transformação da sociedade.

Complementando essa ideia, Oliveira (2007, p. 136) explica que a educação social de rua

> contextualiza-se na evolução das políticas sociais no Brasil. Como sistema pedagógico, voltou-se para crianças socialmente excluídas e para a ampliação dos direitos da cidadania. Sua emergência reflete o envolvimento, nas políticas sociais, de instituições públicas e privadas, inclusive religiosas e de natureza filantrópica, voltadas para a criança e o adolescente.

Para o autor, os educadores sociais de rua buscam construir uma conscientização por parte dos meninos de rua por meio de um trabalho de mediação (Oliveira, 2004).

Importante

Vamos sintetizar alguns pontos tratados até agora:
1. No Brasil, a educação social de rua emerge da crescente exclusão da classe popular, das lutas dos movimentos populares e da constituição das políticas sociais.
2. A educação social de rua brasileira acontece em instituições públicas e privadas. Nesta última categoria, ganham destaque as de cunho religioso.
3. Após 1990, surgiram muitas organizações não governamentais (ONGs) que, em parceria com o governo, trabalham com crianças e adolescentes.

Atualmente, há várias políticas destinadas às pessoas em situação de rua no Brasil. Para entender esse contexto político, é importante conhecer a Política Nacional para a População em Situação de Rua (PNPR), instituída pelo Decreto n. 7.053, de 23 de dezembro de 2009, que assegura o acesso amplo aos serviços e programas que integram as diversas políticas públicas. Além disso, é digno de mérito o trabalho do Movimento Nacional da População em Situação de Rua, dos Fóruns Estaduais da População em Situação de Rua e da Pastoral Nacional do Povo da Rua da Conferência Nacional dos Bispos do Brasil (CNBB), que atuam em prol dos direitos humanos, principalmente dos mais empobrecidos.

A seguir, listamos os fundamentos que embasam a Política Nacional para a População em Situação de Rua:

1. A população em situação de rua é um grupo heterogêneo, que tem em comum a pobreza extrema e/ou vínculos familiares interrompidos e fragilizados.
2. A Política Nacional para a População em Situação de Rua assegura o acesso às políticas sociais, disponibilizando serviços e programas que integram as diversas políticas públicas desenvolvidas pelos governos.
3. O Ministério da Mulher, da Família e dos Direitos Humanos acompanha as políticas nacionais voltadas à promoção dos direitos das pessoas que vivem em situação de rua.
4. Deve haver serviços disponíveis para pessoas em situação de rua em todos os municípios.

Há diversas experiências de políticas públicas bem-sucedidas no Brasil. Paulo (2013) apresenta um exemplo: o Projeto Ação Rua, pensado pela Fundação de Assistência Social e Cidadania (Fasc) e desenvolvido, prioritariamente, por organizações sociais conhecidas como núcleos do Projeto Ação Rua.

Essas organizações sociais foram selecionadas por um processo de seleção pública para conveniamento das entidades que executariam o Ação Rua (Editais n. 01/2007 e n. 02/2007). É importante destacar que existe um projeto técnico criado para o Ação Rua, aprovado em 2006 por uma comissão tripartite composta de representantes do Conselho Municipal de Assistência Social de Porto Alegre (Cmas), do Conselho Municipal dos Direitos da Criança e do Adolescente (CMDCA) e da Fasc. Os convênios dos primeiros nove núcleos, de onze previstos, foram assinados em 2007.

Cada núcleo é formado por sete profissionais: um coordenador, dois técnicos sociais (psicólogo, assistente social, sociólogo ou pedagogo) e quatro educadores sociais. Todos eles se ocupam do trabalho com pessoas em situação de rua. Uma das primeiras atividades foi o mapeamento de cada uma das regiões de atuação dos núcleos, buscando-se conhecer e descrever o contexto territorial, além da apropriação dos recursos, das parcerias e mesmo das deficiências da rede de atendimento.

Paulo (2013) apresenta depoimentos de educadores sociais – que se reconhecem como educadores populares – em que eles comentam suas atividades, seus limites e suas possibilidades.

É importante destacar que os educadores sociais partem do princípio da pedagogia dos direitos: as crianças e os adolescentes em situação de rua são sujeitos de direitos. Portanto, os profissionais devem trabalhar para defender e garantir tais direitos.

> Porém, um dos limites apresentados no trabalho das educadoras e educadores populares de Porto Alegre, de acordo com Luciana Rosa, militante da AEPPA, é que o "Município de Porto Alegre não oferece curso de formação para educador social de rua" (2010 s/p.). Esse mesmo limitante aparece numa das reuniões da AEPPA, onde, no tempo-formação, tivemos o seguinte depoimento registrado: "Nós fazemos um trabalho bonito. Fazemos acolhimento, conversamos e acompanhamos criança e adolescente em situação de rua, incluímos na rede de proteção, fazemos estudo de caso, e vamos em seminários e reuniões. Sabemos que isto já é uma formação. Mas porque não temos o direito de estudar sobre isto na faculdade. Se a gente optar pela pedagogia não teremos esse conteúdo. O serviço social é diferente do nosso trabalho. Temos que ter outra pedagogia". (Paulo, 2013, p. 146-147)

O trecho citado evidencia os desafios do educador social diante de seu trabalho, assim como o desafio da formação profissional. Paulo (2013) ressalta que eles se reconhecem como educadores populares em razão da militância em movimentos sociais. Essa é uma das características presentes na história dos educadores sociais de rua dos anos 1980.

Com base em Paulo (2013), podemos destacar duas questões. A primeira se refere ao perfil profissional do educador social de rua.

A autora enfatiza que a atividade educativa realizada é profundamente pedagógica, com compromisso formativo (participação de espaços de formação não acadêmicos). A segunda questão é que não há curso específico para educadores sociais de rua, diferentemente do que ocorre com os assistentes sociais.

Cabe salientar que o serviço social vem contribuindo para garantir o acesso e a permanência das pessoas em situação de vulnerabilidade social em espaços educacionais. Trata-se de um compromisso ético e profissional. Além disso, a política de assistência social está intrinsicamente relacionada à educação. A maioria dos educadores sociais brasileiros atua em contextos educativos não escolares institucionalizados, com vistas a garantir o direito à educação integral das crianças e dos adolescentes. É o caso, por exemplo, do Serviço de Convivência e Fortalecimento de Vínculos (SCFV). Nesse espaço, educadores sociais desenvolvem atividades socioeducativas e de convivência e socialização, visando à defesa e garantia dos direitos sociais.

Há pelo menos 15 anos, o educador social vem questionando sua identidade profissional, em uma constante reflexão sobre seu trabalho, sua experiência e suas demandas.

Ainda segundo Paulo (2013, p. 236), o Ação Rua

> foi criado em 2007, e sua tarefa prioritária é a abordagem de rua em todas as regiões da cidade, objetivando identificar crianças e adolescentes nessa situação. Cabe aos educadores sociais desenvolver um trabalho de identificação de criança e de adolescente em situação de rua, buscando estabelecer vínculos de confiança mútua, a fim de que eles (crianças e adolescentes) sintam vontade de sair da rua e elaborar um novo projeto de vida, sem precisar tirá-los à força das ruas. A partir disso, os profissionais que atuam no Ação Rua realizam os devidos encaminhamentos (retorno para famílias ou na rede de serviços).

É importante reforçar que essas políticas são oriundas dos movimentos sociais populares:

> O **serviço Ação Rua também foi oriundo das lutas populares por políticas sociais** realizada pela cidade de Porto Alegre, através do engajamento de lideranças comunitárias. Conforme entrevistados,

> esse projeto é fruto de discussões desde 2006 e, atualmente, compõe a PNAS, conforme podemos verificar abaixo: Criado em 2007, o serviço aborda e **identifica crianças e adolescentes em situação de rua em todas as regiões da cidade**. Ao todo, são 98 profissionais que mantêm contato com os jovens até estabelecerem vínculos de confiança com eles. **Esses vínculos possibilitam a intervenção do profissional na inserção da criança ou do adolescente no retorno para suas famílias ou na rede de serviços**. O objetivo do trabalho é desenvolver no público-alvo a vontade de sair da rua e elaborar um novo projeto de vida, sem precisar tirá-lo à força das ruas. O serviço é executado por meio do conveniamento da FASC com entidades. Na região Centro, além da entidade conveniada, a FASC mantém uma equipe própria atuando. (Paulo, 2013, p. 240-141, grifo nosso)

Paulo (2013) demonstra que o educador social de rua precisa de conhecimentos sobre políticas sociais e sobre metodologias de trabalhos individuais e coletivos, além de desejar trabalhar em equipe, pois seu trabalho depende de outros profissionais e de outras políticas, além da assistência social.

Outros espaços de atuação do educador social são:

1. **Organizações governamentais e organizações sociais** (não governamentais), as quais executam as políticas sociais que constam na Tipificação Nacional de Serviços Socioassistenciais[2]. A maioria dos educadores sociais trabalha com as políticas de proteção social básica e proteção social especial de média complexidade. Porém, existe a proteção social de alta complexidade, um espaço em que o educador social também é requisitado.

2. **Serviço de Convivência e Fortalecimento de Vínculos (SCFV)**, o qual pode ser instituído em organizações governamentais ou não governamentais.

---

2 Na Resolução n. 109 do Conselho Nacional de Assistência Social (CNAS), você encontra a tipificação dos serviços socioassistenciais no Brasil organizados por nível de complexidade do Sistema Único de Assistência Social: BRASIL. Ministério do Desenvolvimento Social e Combate à Fome. **Tipificação Nacional de Serviços Socioassistenciais**. Brasília: SNAS, 2013. Disponível em: <https://www.mds.gov.br/webarquivos/publicacao/assistencia_social/Normativas/tipificacao.pdf>. Acesso em: 12 out. 2019.

> O SCFV é um serviço da Proteção Social Básica do SUAS que é ofertado de forma complementar ao trabalho social com famílias realizado por meio do Serviço de Proteção e Atendimento Integral às Famílias (PAIF) e do Serviço de Proteção e Atendimento Especializado às Famílias e Indivíduos (PAEFI).
>
> O Serviço de Convivência e Fortalecimento de Vínculos (SCFV) realiza atendimentos em grupo. São atividades artísticas, culturais, de lazer e esportivas, dentre outras, de acordo com a idade dos usuários.
>
> É uma forma de intervenção social planejada que cria situações desafiadoras, estimula e orienta os usuários na construção e reconstrução de suas histórias e vivências individuais, coletivas e familiares.
>
> [...]
>
> O serviço tem como objetivo fortalecer as relações familiares e comunitárias, além de promover a integração e a troca de experiências entre os participantes, valorizando o sentido de vida coletiva. O SCFV possui um caráter preventivo, pautado na defesa e afirmação de direitos e no desenvolvimento de capacidades dos usuários.
> (Brasil, 2015a)

3. No caso dos serviços de proteção social especial de alta complexidade, citamos o **Serviço de Acolhimento Institucional**:

> O serviço de acolhimento institucional para crianças e adolescentes pode ser desenvolvido nas seguintes modalidades:
>
> 1. Atendimento em unidade residencial onde uma pessoa ou casal trabalha como educador/cuidador residente, prestando cuidados a um grupo de até 10 crianças e/ou adolescentes.
>
> 2. Atendimento em unidade institucional semelhante a uma residência, destinada ao atendimento de grupos de até 20 crianças e/ou adolescentes. Nessa unidade é indicado que os educadores/cuidadores trabalhem em turnos fixos diários, a fim de garantir estabilidade das tarefas de rotina diárias, referência e previsibilidade no contato com as crianças e adolescentes. Poderá contar com espaço específico para acolhimento imediato e emergencial, com profissionais preparados para receber a criança/adolescente, em qualquer horário do dia ou da noite, enquanto se realiza um estudo diagnóstico detalhado de cada situação para os encaminhamentos necessários.
> (Brasil, 2009a)

Como podemos observar, a proteção social especial se dá no nível das atuações profissionais em média e alta complexidade. A proposta da proteção social especial de alta complexidade é ofertar serviços especializados com vistas a acolher cidadãos afastados temporariamente do núcleo familiar e/ou comunitários de origem. Tem como princípio garantir o acolhimento e a proteção integral dos usuários. Os objetivos gerais são:

> Acolher e garantir proteção integral; Contribuir para a prevenção do agravamento de situações de negligência, violência e ruptura de vínculos; Restabelecer vínculos familiares e/ou sociais; Possibilitar a convivência comunitária; Promover acesso à rede socioassistencial, aos demais órgãos do Sistema de Garantia de Direitos e às demais políticas públicas setoriais; Favorecer o surgimento e o desenvolvimento de aptidões, capacidades e oportunidades para que os indivíduos façam escolhas com autonomia; Promover o acesso a programações culturais, de lazer, de esporte e ocupacionais internas e externas, relacionando-as a interesses, vivências, desejos e possibilidades do público. (Brasil, 2009a)

Vejamos, agora, quem são os usuários atendidos pela proteção social especial de alta complexidade e em que espaços esse atendimento é realizado (Brasil, 2009a).

a. Para crianças e adolescentes

- **Casa-lar** – espaço em que uma pessoa ou um casal desempenha a atividade de educador/cuidador residente, dando auxílio a um grupo de até 10 crianças e/ou adolescentes.

Em algumas cidades, existe a figura da mãe social, cuja atividade profissional foi regulamentada pela Lei n. 7.644, de 18 de dezembro de 1987:

> Art. 1º As instituições sem finalidade lucrativa, ou de utilidade pública de assistência ao menor abandonado, e que funcionem pelo sistema de casas-lares, utilizarão mães sociais visando a propiciar ao menor as condições familiares ideais ao seu desenvolvimento e reintegração social.

> Art. 2º Considera-se mãe social, para efeito desta Lei, aquela que, dedicando-se à assistência ao menor abandonado, exerça o encargo em nível social, dentro do sistema de casas-lares.
>
> Art. 3º Entende-se como casa-lar a unidade residencial sob responsabilidade de mãe social, que abrigue até 10 (dez) menores. (Brasil, 1987)

- **Abrigo institucional** – espécie de residência destinada ao atendimento de grupos de até 20 crianças e/ou adolescentes.

b. Para adultos e famílias

- **Abrigo institucional** – espécie de residência, com limite de 50 pessoas por unidade e de 4 pessoas por quarto.
- **Casa de passagem** – unidade institucional de passagem para acolhimento imediato e emergencial, em qualquer horário do dia ou da noite. Conta com profissionais preparados para receber os usuários e analisar cada situação, dando os encaminhamentos necessários.

c. Para mulheres em situação de violência

- **Abrigo institucional** – espaço que oferece acolhimento provisório para mulheres, acompanhadas ou não de filhos, em situação de risco de morte, vítimas de violência doméstica ou ameaçadas de agressão. É obrigatória a preservação da identidade das usuárias.

d. Para jovens e adultos com deficiência

- **Residências inclusivas** – espaços de acolhimento para jovens e adultos com deficiência cujo vínculos familiares estejam rompidos ou fragilizados e que não têm condições de se sustentarem. Devem funcionar em locais com estrutura física adequada e favorecer a construção progressiva da autonomia, da inclusão social e comunitária e do desenvolvimento de capacidades adaptativas para a vida diária.

e. Para idosos

- **Casa-lar** – espaço residencial que atende grupos de até 10 idosos. Conta com profissionais habilitados, treinados e supervisionados por equipe técnica capacitada para auxiliar nas atividades da vida diária.
- **Abrigo institucional** – espaço que acolhe idosos com diferentes necessidades e graus de dependência. Deve assegurar a convivência com familiares, amigos e pessoas de referência de forma contínua, bem como o acesso às atividades culturais, educativas, lúdicas e de lazer em comunidade. A capacidade de atendimento das unidades deve seguir as normas da Vigilância Sanitária, assegurando-se um atendimento de qualidade e personalizado, com até 4 idosos por quarto.

O educador social também atua com jovens envolvidos em atos infracionais. Você sabe como se configuram esses atos? Vamos, a partir de agora, fazer uma reflexão sobre a legislação específica para as crianças e os jovens.

O Estatuto da Criança e do Adolescente (ECA), instituído pela Lei n. 8.069, de 13 de julho de 1990 (Brasil, 1990), está organizado em duas partes: geral e especial. Cada uma delas convida a uma leitura crítica sobre a história das políticas públicas sociais. Essa lei contempla um modelo jurídico que privilegia a dignidade da pessoa, em consonância com a Constituição Federal de 1988. Todo educador e educadora social precisa conhecer os aspectos políticos, históricos, sociais, pedagógicos e éticos da evolução dos direitos sociais vigentes no Brasil, sobretudo os que se referem às crianças e aos adolescentes.

A doutrina da proteção integral foi criada pela Constituição Federal de 1988 (art. 227) e expandida no ECA. Antes, havia a doutrina da situação irregular, oficializada pelo Código de Menores de 1979, que contava com uma concepção embasada pelo paradigma higienista, em que o menor em situação irregular era tutelado pelo Estado.

Um menor que tenha cometido atos infracionais não é um menor em situação irregular, tampouco criminoso. De acordo com a nova legislação, a ele serão aplicadas as medidas socioeducativas e/ou protetivas que se mostrarem mais adequadas a seu desenvolvimento, observando-se também o histórico do ato (gravidade da infração). O art. 103 do ECA considera ato infracional a conduta descrita como crime ou contravenção penal, sendo penalmente inimputáveis os menores de 18 anos, sujeitos às medidas previstas nessa lei (art. 104). Observe o que estabelece o art. 112 e perceba a forma como os educadores sociais vêm atuando em instituições que executam medidas socioeducativas:

> Art. 112. Verificada a prática de ato infracional, a autoridade competente poderá aplicar ao adolescente as seguintes medidas:
>
> I – advertência;
>
> II – obrigação de reparar o dano;
>
> III – prestação de serviços à comunidade;
>
> IV – liberdade assistida;
>
> V – inserção em regime de semiliberdade;
>
> VI – internação em estabelecimento educacional;
>
> VII – qualquer uma das previstas no art. 101, I a VI. (Brasil, 1990)

Embora ainda pouco referenciado nos documentos legais, é de suma importância o trabalho do educador social nesse contexto. Cabe salientar que a Comissão de Constituição, Justiça e Cidadania aprovou, em caráter conclusivo, o Projeto de Lei n. 5.346/2009,

> que regulamenta a atividade de educador social, profissional que atua fora da escola, junto a grupos carentes. [...]
>
> [...]
>
> Segundo o texto aprovado, cabe ao educador social atuar com vítimas de violência, exploração física e psicológica; com segmentos sociais prejudicados pela exclusão social, como mulheres, crianças, adolescentes, negros, indígenas e homossexuais; com jovens envolvidos em atos infracionais; com a população carcerária; com idosos e pessoas com deficiência; e com dependentes químicos, entre outros.

Os espaços de atuação com esse público podem ser ONGs, prisões, fundações de socioeducação, hospitais etc. (Haje, 2017)

Quanto à educação no cárcere, é importante conhecer alguns dos marcos legais, tais como a Lei n. 7.210, de 11 de julho de 1984, conhecida como *Lei de Execução Penal*:

> Art. 83. O estabelecimento penal, conforme a sua natureza, deverá contar em suas dependências com áreas e serviços destinados a dar assistência, educação, trabalho, recreação e prática esportiva.
>
> [...]
>
> Art. 126. O condenado que cumpre a pena em regime fechado ou semiaberto poderá remir, por trabalho ou por estudo, parte do tempo de execução da pena. (Brasil, 1984)

É importante mencionar que, considerando que a educação é um direito humano, estamos diante de uma situação preocupante. Somente em 2012 as unidades federativas iniciaram a elaboração de seus planos estaduais (e distrital) de educação nas prisões. De 1984 a 2012, portanto, há uma lacuna no tocante às políticas educacionais no sistema prisional.

Também precisamos dar destaque à Resolução CNE/CEB n. 2, de 19 de maio de 2010, que dispõe sobre as diretrizes nacionais para a oferta de educação para jovens e adultos em situação de privação de liberdade nos estabelecimentos penais:

> Art. 2º As **ações de educação em contexto de privação de liberdade** devem estar calcadas na legislação educacional vigente no país, na Lei de Execução Penal, nos tratados internacionais firmados pelo Brasil no âmbito das políticas de direitos humanos e privação de liberdade, devendo **atender às especificidades dos diferentes níveis e modalidades de educação e ensino e são extensivas aos presos provisórios, condenados, egressos do sistema prisional e àqueles que cumprem medidas de segurança**.
>
> [...]
>
> Art. 5º Os Estados, o Distrito Federal e a União, levando em consideração as **especificidades da educação em espaços de privação de liberdade**, deverão incentivar **a promoção de novas estratégias pedagógicas, produção de materiais didáticos e a implementação

> de novas metodologias e tecnologias educacionais, assim como de **programas educativos na modalidade Educação a Distância (EAD), a serem empregados no âmbito das escolas do sistema prisional.**
>
> [...]
>
> Art. 11 **Educadores, gestores e técnicos** que atuam nos estabelecimentos penais deverão ter acesso a **programas de formação inicial e continuada que levem em consideração as especificidades da política de execução penal.**
>
> [...]
>
> Art. 12 O planejamento das ações de **educação em espaços prisionais** poderá contemplar, além das atividades **de educação formal, propostas de educação não formal,** bem como de educação para o trabalho, inclusive na modalidade de Educação a Distância, conforme previsto em Resoluções deste Conselho sobre a EJA. (Brasil, 2010, grifo nosso)

Uma pesquisa de junho de 2014 realizada pelo Infopen[3] (sistema de informações estatísticas do sistema penitenciário) apresenta dados estatísticos referentes à educação nas prisões (Brasil, 2015b). O levantamento evidenciou a desigualdade regional em relação às unidades prisionais com salas de aula. Sergipe é o único estado com salas de aula em todas as unidades prisionais. Em contrapartida, em Roraima, 80% das unidades prisionais não têm salas de aula. A respeito das unidades prisionais que realizam atividades escolares, no Distrito Federal, 100% das unidades oferecem educação escolar. Em Tocantins, apenas 33%. Se considerarmos o número de pessoas presas e o total destas em atividades educacionais, os dados são assustadores. Em Tocantins, apenas 11% dos presos realizavam atividades escolares no período analisado, enquanto 14% realizavam atividades educacionais.

---

3 A pesquisa pode ser consultada na íntegra no seguinte endereço: BRASIL. Ministério da Justiça. Departamento Penitenciário Nacional. **Levantamento Nacional de Informações Penitenciárias**: Infopen – junho de 2014. Brasília, 2015 Disponível em: <https://www.justica.gov.br/news/mj-divulgara-novo-relatorio-do-infopen-nesta-terca-feira/relatorio-depen-versao-web.pdf>. Acesso em: 2 set. 2019.

Isso mostra que ainda há um movimento de luta em defesa da garantia desse direito social no Brasil.

Também vale destacar o Decreto n. 7.626, de 24 de novembro de 2011, que institui o Plano Estratégico de Educação no âmbito do Sistema Prisional (Peesp):

> Art. 2º O PEESP contemplará a educação básica na modalidade de educação de jovens e adultos, a educação profissional e tecnológica, e a educação superior.
> Art. 9º **O plano de ação** a que se refere o § 2º do art. 8º deverá conter: [...]
> III – atribuições e responsabilidades de cada órgão do ente federativo que o integrar, especialmente quanto à adequação dos espaços destinados às atividades educacionais nos estabelecimentos penais, **à formação e à contratação de professores e de outros profissionais da educação**, à produção de material didático e à integração da educação de jovens e adultos à educação profissional e tecnológica. (Brasil, 2011, grifo nosso)

No tocante a esses documentos, não foi mencionada a expressão *educador social*, embora haja profissionais que fazem trabalho educativo nas prisões. Esse pode ser um dos locais de trabalho dos educadores sociais, especialmente quando é prevista a articulação entre propostas de educação não formal e de educação formal.

O Sistema Nacional de Atendimento Socioeducativo (Sinase) foi instituído pela Lei n. 12.594, de 18 de janeiro de 2012 (Brasil, 2012a), tendo por finalidade a organização da execução das medidas socioeducativas. E a quem se destina a execução das medidas socioeducativas? Conforme o ECA, elas devem ser aplicadas aos adolescentes que praticaram ato infracional.

Conforme a nova legislação, as crianças e os adolescentes não são tratados como pessoas criminosas e seus cuidadores não são policiais e/ou vigilantes. Todos os profissionais que trabalham em unidades de internação são e devem estar preparados para atuar como educadores. As funções pedagógicas e políticas com dimensão jurídico-educativa caracterizam o educador como um profissional que deve garantir a execução de medidas socioeducativas cujo conteúdo tenha natureza formativo-pedagógica. A natureza das medidas socioeducativas é sancionatória, sendo aplicada por decisão judicial. Dessa forma, devem ser cumpridas respeitando-se as leis vigentes. A seguir, listamos algumas informações essenciais sobre as questões legais voltadas à criança e ao adolescente:

- Com o ECA, garantiu-se a proteção integral do sujeito e o respeito à integridade física, psicológica e moral dos adolescentes privados de liberdade. A garantia da proteção integral dá-se mediante o sistema de garantia de direitos, via políticas públicas e de uma rede articulada de atendimento às crianças e aos adolescentes.
- O desenvolvimento de uma ação socioeducativa visa formar o adolescente na perspectiva da cidadania, objetivando o **desenvolvimento integral dos sujeitos**.
- A **doutrina da proteção integral** é uma concepção sustentada pela Convenção Internacional dos Direitos da Criança, que consagra a defesa dos direitos da população infantojuvenil.
- A doutrina da proteção integral é contrária à doutrina da situação irregular, que, por muitos anos, foi a base dos códigos de menores. Essa diferença conceitual é uma mudança de paradigma.
- A doutrina da situação irregular dirigia-se aos menores carentes, abandonados, inadaptados e infratores. Observamos que a situação econômica e a de natureza psicopedagógica não eram tratadas como questões sociais.

É fundamental conhecer os paradigmas conceituais para analisar os avanços, os limites e os desafios encontrados quando se trata de socioeducação. Sabemos que há uma série de questões a serem dirimidas, tais como compreender que a socioeducação não é sinônimo de vigilância ao criminoso e carceragem de infratores delinquentes. Outra demanda é entender que o ECA e o Sinase são bases normativas reguladoras, de acompanhamento e monitoramento de atos infracionais. Nesse cenário, a aplicação de medidas socioeducativas e sua execução estão em consonância com os direitos humanos. Os adolescentes em conflito com a lei têm direitos individuais que garantem sua formação integral.

No ECA, percebemos a perspectiva jurídico-normativa sobre a socioeducação. No Brasil, a adolescência compreende a faixa entre 12 e 18 anos de idade (art. 2º) – em casos excepcionais, até os 21 anos de idade (arts. 121 e 142). O período da adolescência não pode ser considerado independentemente da trajetória pessoal do indivíduo e de sua condição peculiar de desenvolvimento. Esse é um ponto importante para a definição da socioeducação.

A socioeducação é uma modalidade da educação que se realiza no espaço não escolar, mas se articula ao direito à educação escolar. A educação, em seu sentido amplo, é uma das políticas sociais que visam à sociabilidade das pessoas, sendo desafiada a transformar vidas por meio de processos político-pedagógicos. As atividades educativas dirigidas à formação humana são condições para a efetivação da garantia de direitos sociais. Portanto, não é somente na escola que se garante o direito à proteção integral. É por meio do trabalho de uma equipe inter/multiprofissional, que deve acompanhar e avaliar o desenvolvimento processual do adolescente em conflito com a lei, observando caso a caso o contexto de vida deles. Nesse sentido, a educação deve propiciar o desenvolvimento humano, possibilitando a construção de uma trajetória formativa que assegure a dignidade humana.

No Brasil, a socioeducação tem por objetivo preparar os jovens para o convívio social, de forma que eles sejam capazes de respeitar as normas. O jovem que cometeu ato infracional não pode ser considerado uma pessoa fracassada e sem perspectivas futuras.

Na socioeducação, busca-se a socialização por meio de atividades educativas, que possibilitem ao jovem aprender a ser e aprender a conviver em comunidade, cujas dimensões formativas e pedagógicas garantam a construção da cidadania. Cabe aos educadores trabalhar com ferramentas pedagógicas formativas, que assegurem a vivência de processos educativos baseados numa relação pessoal positiva, responsável, criativa e inovadora, que leve os adolescentes a encontrar o caminho de superação dos problemas que enfrentam no que concerne à violação de seus direitos (Costa, 2001).

Não é por acaso que o Sinase determina a regionalização dos programas de privação de liberdade, fazendo referência ao direito à convivência familiar e comunitária dos adolescentes, bem como ao respeito às especificidades culturais.

Waiselfisz (2015) afirma que convivemos diariamente com notícias de graves violações dos direitos garantidos aos adolescentes, mesmo existindo a Declaração Universal dos Direitos Humanos, a Constituição Federal e o ECA.

Conforme Julião, Ribeiro e Godoi (2015, p. 160),

> Os estudos sobre juventude no país destacam que somente a partir da década de 1990 é que se iniciam as primeiras experiências políticas voltadas especificamente para os sujeitos jovens no Brasil, culminando, em 2013, com a aprovação do Estatuto da Juventude (Lei 12.852) que define princípios e diretrizes para o poder público criar e organizar políticas para cidadãos de 15 a 29 anos de idade.

Isso motivou o avanço nas políticas destinadas aos adolescentes, sobretudo quando se constatam os alarmantes índices de violências a que estão expostos. Atualmente, educadores voltam-se às discussões e reflexões sobre a redução da maioridade penal no país, um tema pouco tratado nos cursos de formação docente e de educadores sociais.

À vista disso, Costa (2001) aborda a concepção teórico-metodológica da **pedagogia da presença**, cuja proposta é educar para escutar. Isso deve ser feito observando-se a vida cotidiana dos adolescentes. A mediação de conflitos faz parte, em nosso entendimento, da pedagogia da presença.

O educador social precisa conhecer as legislações envolvidas no tema. A medida socioeducativa é uma sanção de reparação de danos, sem negar, de modo algum, a proteção integral do adolescente (sujeito em desenvolvimento). O educador deve garantir que direitos e deveres sejam respeitados e executados. A prioridade é o respeito à dignidade e também o desenvolvimento pessoal e social do adolescente.

Cabe lembrar que os educadores sociais não são os professores dos estabelecimentos educacionais de liberdade privada. A socioeducação destina-se aos jovens em conflito com a lei e consiste em medidas protetivas de caráter pedagógico e punitivo-educativas.

Como vimos, não basta conhecer os espaços de atuação dos educadores sociais. É preciso ter um domínio teórico sobre as políticas sociais e as metodologias de trabalho, o que pressupõe uma dimensão política e pedagógica. Para um trabalho que exige formação humana e fundamentada pela pedagogia da conscientização e da libertação, o profissional deve desenvolver um fazer com respeito profundo pelo ser humano, com capacidade de perceber, até mesmo no silêncio, a violência social vivida pelos usuários atendidos por ele. Ser comprometido e sigiloso requer respeito e transparência na forma de ser e agir cotidianamente.

Síntese

- Paulo Freire é referenciado como mentor da educação para a libertação, utilizando-se da concepção da **educação popular**. Foi influenciado pela teologia da libertação. Freire é um dos autores mais citados por educadores e educadoras sociais
- Ato infracional é a ação praticada por criança ou adolescente caracterizada na lei como crime ou contravenção penal. De acordo com o Estatuto da Criança e do Adolescente (ECA) e com o Código Penal, os menores de 18 anos são penalmente inimputáveis, ou seja, não poderão ser condenados.
- Educação não é sinônimo de **socioeducação**. Esta é uma especificidade do contexto de educação. Ao adolescente que praticar ato infracional poderão ser aplicadas as medidas socioeducativas previstas no art. 112 do ECA.
- As medidas socioeducativas podem ser: advertência (obrigação de reparar o dano; prestação de serviços à comunidade), liberdade assistida, internação em regime de semiliberdade e internação em estabelecimento educacional. Além dessas, poderão ser aplicadas as medidas de proteção previstas no art. 101 do ECA.

- A **pedagogia da presença** propõe educar para escutar, observando-se a vida cotidiana das crianças, dos adolescentes e dos adultos.
- A Declaração Universal dos Direitos Humanos, a Constituição Federal, o ECA e o Estatuto da Juventude são legislações importantes, pois representam avanços no tema da inclusão social e desenvolvimento integral das pessoas.
- Os educadores sociais de rua, historicamente, trabalham com segmentos em situação de vulnerabilidade social: mulheres, crianças, adolescentes, negros, indígenas e homossexuais.

Para saber mais

Após a abordagem deste capítulo, é importante consultar as leis afins e compreender as discussões legais sobre a função do educador social.

BRASIL. Senado Federal. Projeto de lei n. 328/2015. Dispõe sobre a regulamentação da profissão de educadora e educador social e dá outras providências. Disponível em: <https://www25.senado.leg.br/web/atividade/materias/-/materia/121529>. Acesso em: 24 ago. 2019.

TV SENADO. **Aprovado projeto que regulamenta a profissão de educador social**. 17 maio 2016. Disponível em: <https://www.youtube.com/watch?v=wNRZvD1CNq8>. Acesso em: 24 ago. 2019.

PAULO, F. dos S. Educação popular no cenário gaúcho: contribuições para a formação de educadores sociais. **Revista Cocar**, Belém, v. 13, n. 25, p. 307-324, jan./abr. 2019. Disponível em: <https://paginas.uepa.br/seer/index.php/cocar/article/view/2162>. Acesso em: 24 ago. 2019.

Questões para revisão

1. Sobre a historicidade do trabalho dos educadores sociais, assinale a alternativa **falsa**:

   a) A atuação dos educadores sociais é essencialmente político-pedagógica.
   b) O educador social é um dos profissionais que trabalham na linha de frente da defesa dos direitos sociais e humanos dos sujeitos mais empobrecidos, que constumam ter seus direitos violados.
   c) O educador social trabalha com diferentes sujeitos em programas e projetos educativos não escolares, em diferentes contextos educativos.
   d) A atuação dos educadores sociais nasce do voluntariado. Por isso, não é necessário nenhum tipo de formação.

2. Sobre o Sistema Nacional de Atendimento Socioeducativo (Sinase), assinale a alternativa correta:

   a) Foi instituído em 1974, tendo por finalidade organizar e executar medidas socioeducativas para adolescentes em situação irregular.
   b) É base normativa reguladora de acompanhamento e monitoramento de atos infracionais. A aplicação das medidas socioeducativas e sua execução estão em consonância com os direitos humanos. Os adolescentes em conflito com a lei têm direitos individuais que devem garantir sua formação integral.
   c) Conforme o Estatuto da Criança e do Adolescente (ECA), suas orientações devem ser aplicadas às crianças que praticaram ato infracional.
   d) Tem a mesma função que o Código de Menores e a Política Nacional do Bem-Estar do Menor.

3. Educadores sociais podem trabalhar com jovens e adultos em situação de privação de liberdade nos estabelecimentos penais no contexto de:

   a) educação escolar.
   b) educação psicológica e moral.
   c) educação escolar.
   d) propostas de educação não formal.

4. Para Antonio Carlos Gomes da Costa, a capacidade de fazer-se presente na realidade do educando de forma construtiva não é, como muitos preferem pensar, um dom, uma característica pessoal intransferível de certos indivíduos, algo profundo e incomunicável. Ao contrário, essa é uma aptidão possível de ser aprendida, desde que haja disposição interior (abertura, sensibilidade, compromisso) da parte de quem se propõe a aprender. Qual é a pedagogia que o autor propõe?

5. Julião, Ribeiro e Godoi (2015) afirmam que, apesar de a discussão sobre violência com jovens não ser um tema novo no país, ainda precisamos recorrer a reflexões mais amplas para analisá-lo. Por quais meios essas reflexões devem ser colocadas em prática?

Questões para reflexão

1. Qual é seu entendimento sobre a regulamentação da profissão de educador social? Reflita sobre o contexto de atuação, a proposta de regulamentação e a concepção de educação considerados nesse debate.

2. Para você, qual é a diferença entre pedagogia social e pedagogia socialista? Em qual dessas pedagogias você se inspira? Por quê?

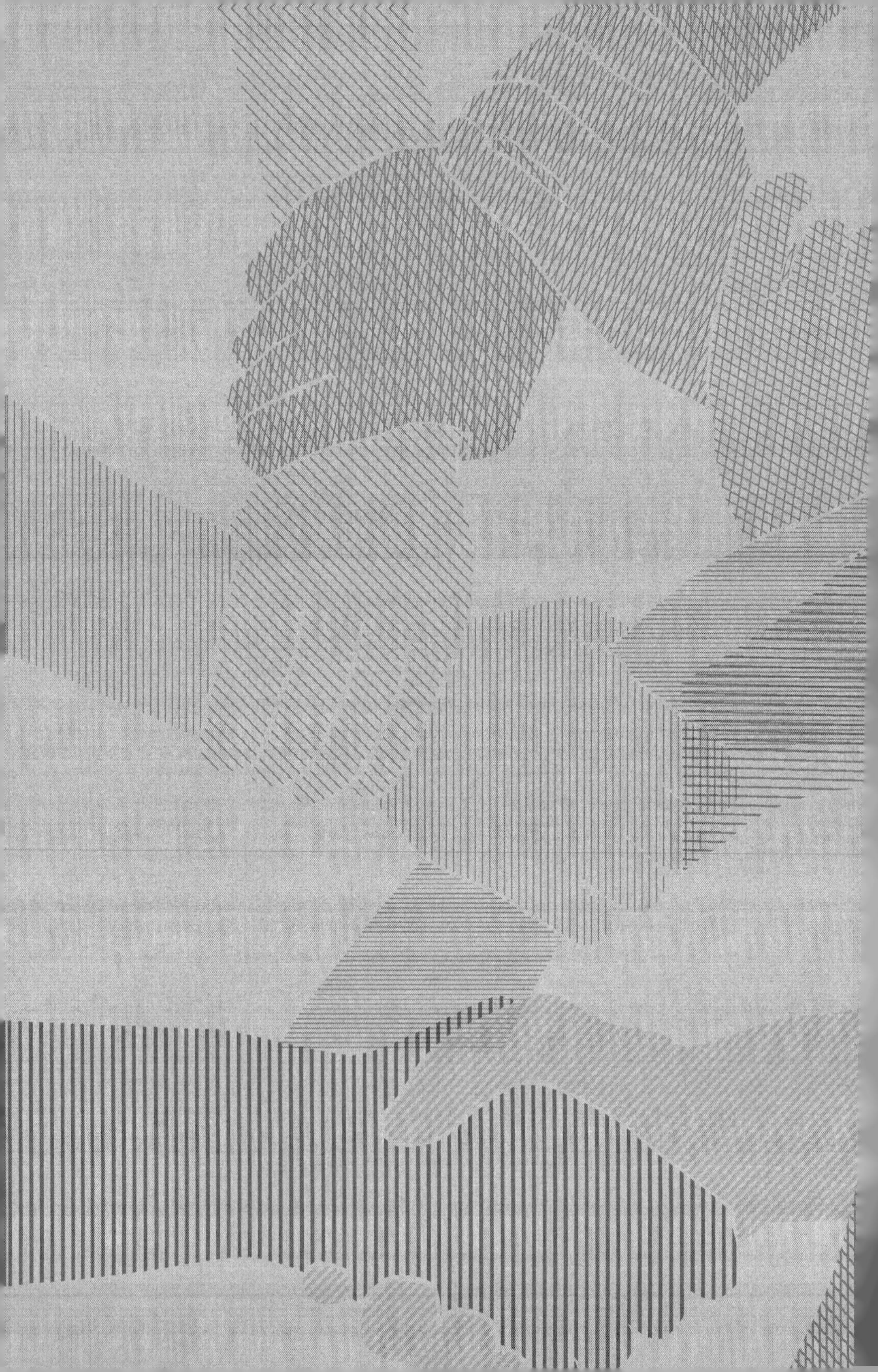

CAPÍTULO 5

Demandas da educação não escolar na vida cotidiana dos trabalhadores sociais:
valores éticos e políticos

Conteúdos do capítulo

- Educação não escolar e trabalhadores sociais – políticas sociais.
- Formação e trabalho do educador social e suas demandas.
- Valores éticos e políticos.
- Fundamentos pedagógicos da pedagogia freiriana.

Após o estudo deste capítulo, você será capaz de:

1. reconhecer os espaços de luta e de trabalho do educador social brasileiro;
2. discorrer sobre os valores éticos e políticos de educadores sociais;
3. identificar os fundamentos pedagógicos do trabalho do educador social na perspectiva de Paulo Freire;
4. analisar a educação não escolar formalizada/institucionalizada como modalidade de educação, espaço de atuação dos trabalhadores sociais multidisciplinares.

Nas discussões sobre o trabalho do educador social, são comuns temas como formação sobre violência e autoridade do educador social; estudos sobre políticas sociais e sobre quem é o educador social; valorização em seus espaços de atuação; contato com outras experiências e espaços de atuação dos educadores sociais; plano de carreira profissional para quem trabalha em organizações sociais; e estagnação da rede de atendimento em razão de troca no governo.

Esses pontos foram aparecendo nos cursos para educadores sociais, tornando possível notar que, além da urgência em discutir a regulamentação da profissão, é necessário refletir sobre os processos de formação (nível, tipos, temas etc.).

5.1 Trabalhadores sociais: espaços e demandas educativas

A educação social visa assegurar a permanência e a ação efetiva do sistema de garantia de direitos. Considera-se trabalhador da educação social quem atua nas políticas de assistência social e em outras áreas que requerem ações de educação e mediação no campo dos direitos humanos, da justiça social e do exercício da cidadania. Suas práticas pedagógicas ocorrem em espaços governamentais e não governamentais, com pessoas cuja vivência de processos de exclusão social exige políticas de inclusão social.

A formação de educadores sociais, os enfoques e as perspectivas na área são temáticas incipientes e contemporâneas, que requerem debates com os educadores sociais e os demais sujeitos que trabalham na defesa das políticas sociais, o que inclui também as universidades.

É importante destacar que a formação de educadores sociais, de acordo com os autores examinados neste livro, fundamenta-se em valores políticos e éticos da dignidade humana e na compreensão de que todos somos sujeitos de direitos. Um tema recorrente nas falas dos educadores sociais são os efeitos das violências na atualidade, resultado da pobreza material e imaterial advinda do projeto capitalista de sociedade, que se nutre das desigualdades sociais (Paulo, 2013). Esse contexto social, econômico, político e cultural merece destaque nos currículos dos cursos para educadores sociais. Outros temas transversais a esses contextos são a violência, a pobreza, os direitos sociais, entre outros. A discussão sobre esses temas visa a uma formação crítica e emancipatória, embasada pelas dimensões pedagógicas, éticas e estéticas da educação (Freire, 2002).

Para o educador Paulo Freire (2002), não existe educação humanizadora sem a exigência da estética e da ética, ou seja, de uma pedagogia fundada na ética, no respeito à dignidade e à própria autonomia do educando. O autor denuncia o trabalho que produz e reproduz a concorrência, a meritocracia e a individualidade, causadoras de mal-estar, desumanizadoras e opressoras: "golpear o fraco e indefeso, soterrar o sonho e a utopia, prometer sabendo que não cumprirá a promessa, testemunhar mentirosamente, falar mal dos outros pelo gosto de falar mal" (Freire, 2002, p. 14).

Freire anuncia a solidariedade, a amorosidade, a coletividade e o compromisso com a formação libertadora de homens e mulheres, "capaz de instaurar a ética universal do ser humano que condena a exploração da força de trabalho do ser humano" (Freire, 2002, p. 14).

As demandas da educação não escolar na vida cotidiana dos trabalhadores sociais não estão separadas dos valores éticos e políticos de nossa sociedade e da disputa de projetos em voga. Freire (2002) alerta para três questões:

- Educadores têm "saberes demandados pela prática educativa em si mesma, qualquer que seja a opção política do educador ou educadora" (Freire, 2002, p. 22).
- A prática pedagógica do educador vai atestando "a natureza da prática progressista ou conservadora" (Freire, 2002, p. 11).

- Não há educação neutra e que não seja diretiva, ou seja, sem intencionalidades: "Daí a sua politicidade, qualidade que tem a prática educativa de ser política, de não poder ser neutra" (Freire, 2002, p. 82).

Freire (2002) destaca saberes essenciais aos trabalhadores sociais: educar na educação não escolar institucionalizada é um ato de ensinar algo e aprender. Portanto, exige pesquisa, diálogo, escuta, respeito, criticidade, testemunho, novidades, reconhecimento da pluralidade cultural e de metodologia para desenvolver o trabalho pedagógico.

Tratar valores políticos e éticos requer aprender a fazer-se presente de corpo inteiro, não ignorando sua história e os sonhos (Freire, 2002). A natureza da prática educativa, segundo Freire (1987, 2002), é política e tem a necessária diretividade. Exige o estabelecimento de objetivos e metodologias. A educação, escolar ou não escolar, é construída por histórias, lutas, resistências, dificuldades, desafios, limites, sonhos e esperanças, que permitem qualificar as práticas educativas como fazeres incluídos na politicidade da educação. O papel do educador social, cujo valor ético deve ser a dignidade humana, deve se pautar pela justiça social. Consiste em fazer da educação um lugar de formação humana, qualificando a educação como política. Cabe questionar: Essa educação política está a favor de quem e contra quem? Promove-se educação apenas para propiciar inclusão social ou a intenção é avançar, lutando-se pela emancipação humana?

É preciso saber que política social é esta, a favor de que e de quem, contra o que e contra quem se realiza. Aqui se trata do sistema de garantias de direitos, e isso significa entender o que são direitos, como foram conquistados, quem os conquistou e os garantiu.

Por isso, compreender e diferenciar as várias concepções de educação é de extrema necessidade para entender o motivo pelo qual as metodologias problematizadoras são as mais coerentes para o trabalho com a educação não escolar institucionalizada.

Conhecer as práticas educativas dos movimentos sociais é um dos caminhos formativos mais interessantes para compreender a história das conquistas dos direitos sociais no Brasil. O próprio campo de atuação do educador social é um espaço formativo que ensina, com base no trabalho, como ser um profissional da educação não escolar. As demandas para a educação não escolar são amplas e complexas. Por isso, a escolha dos valores éticos e políticos faz dos educadores sujeitos políticos, que podem escolher, resistir e transformar realidades.

A pedagogia social, ainda não existente no Brasil, tem sido uma demanda do educador social, sobretudo pelo desejo deste de aprofundar os conhecimentos sobre os fundamentos epistemológicos, políticos e metodológicos de seu trabalho. O nome *pedagogia social* nasceu, no Brasil, com os educadores sociais de base, que não se reconheciam nos cursos de Pedagogia e Serviço Social. A junção dos dois permitiria a construção de um novo curso destinado aos trabalhadores da educação não escolar (Paulo, 2013).

Para continuarmos nossa imersão no tema, vamos citar alguns depoimentos[1] de educadores sociais, o que nos permitirá refletir sobre as demandas do trabalho social na defesa de direitos.

> A gente acredita que trabalhar na nossa comunidade ajuda em tudo. Somos conhecidos, estudamos e moramos ali. Conversamos com as pessoas assuntos da comunidade e somos exemplo de mudança. Muito jovem voltou a estudar porque me viu fazendo faculdade. Isso aconteceu com amigos, vizinhos e na família. Eles veem que estudamos e conseguimos trabalho num lugar perto de casa e com uma atividade que ajuda eles a se reconhecerem como cidadãos da comunidade e do Brasil. (Depoimento à autora em julho de 2018, em Porto Alegre/RS)

---

1 Os depoimentos foram dados em cursos, realizados pela Associação de Educadores Populares de Porto Alegre, no Rio Grande do Sul. Os textos aqui transcritos constam nas formas escrita e oral, sendo registrados por membros do curso. Utilizamos a metodologia de sistematização de experiências de Oscar Jara (Paulo, 2018).

> Sou morador da vila. Lá, aprendemos na realidade. Acho que todo educador social deve ter um vínculo com o local de trabalho, com os moradores, com as instituições, com os comércios locais... Se a gente mora na comunidade e trabalha lá, tudo fica mais fácil. Tem os saberes que é nosso lá da comunidade – e só nós entendemos e respeitamos. Também precisamos do saber da universidade. (Depoimento à autora em abril de 2018, em Porto Alegre/RS)

Os relatos chamam atenção por tratarem de conhecimentos que o educador social assimilou a partir da experiência, seja na militância, seja como morador de bairros periféricos. A ação educativa no território de origem parece ser um elemento importante para educadores sociais. Observamos que muitos buscam, por meio de seu trabalho, garantir os direitos sociais de seus vizinhos, sua comunidade.

Educadores sociais desejam que seja assegurado, no local em que residem, espaço para atuarem como profissionais, tendo em vista que já estão familiarizados com os serviços culturais, sociais e educativos de amplitude territorial.

As instituições nas quais os educadores sociais trabalham são as de defesa e garantia de direitos. Elas prestam serviços, executam programas e projetos voltados para a defesa e efetivação dos direitos sociais, a construção de novos direitos, a promoção da cidadania, o enfrentamento das desigualdades sociais e a articulação com órgãos públicos de defesa de direitos dirigidos ao público da política de assistência social em especial.

Outro aspecto pertinente é o da rede de atendimento a crianças e adolescentes. Muitos educadores sociais relatam a dificuldade na articulação intersetorial entre secretarias. Segundo depoimentos coletados em cinco cursos realizados no ano de 2018 pela Associação de Educadores Populares de Porto Alegre, é possível perceber que os educadores acreditam que sua história de morador ou militante de movimentos sociais facilita e fortalece as redes territoriais, que visam à constituição de redes de serviços nos atendimentos básicos dos direitos sociais. O depoimento a seguir sinaliza uma demanda política local:

> Nós trabalhamos como educadores sociais junto às políticas assistenciais e, com elas, acessamos outras políticas: a da educação, saúde, moradia etc. O curso de formação de educadores sociais precisa falar da política de Assistência Social, da Loas e das outras políticas, e não só do Estatuto da Criança e Adolescente. (Depoimento à autora em julho de 2018, em Porto Alegre/RS)

Os valores éticos e políticos são constituídos ao longo da vida. Alguns estão instituídos em marcos legais, como a Constituição Federal de 1988. Conhecida como *Constituição Cidadã*, seu texto aponta para uma ética prática, garantidora da dignidade humana explicitada na Declaração Universal dos Direitos Humanos. Justiça social, honestidade, solidariedade, liberdade de expressão, respeito à diversidade e à pluralidade de ideias são valores políticos e éticos que sustentam o trabalho dos profissionais que defendem e lutam pela garantia das políticas sociais.

Na vida cotidiana dos trabalhadores sociais, as demandas da educação não escolar estão atreladas às relações entre a educação e os direitos humanos. Esse trabalho reflete a diversidade humana. Para isso, necessita construir pontes com outras áreas do conhecimento, tais como sociologia, filosofia, antropologia e história. Essas áreas possibilitam que se conheça mais amplamente a sociedade. Reunindo-se todas elas, somadas às experiências cotidianas do trabalho social, controem-se ferramentas para lutar e exercitar o respeito, a tolerância, a promoção e a valorização das diversidades, buscando-se assegurar a todas as pessoas o acesso à participação efetiva em uma sociedade livre, na qual a desigualdade social não reine.

Por isso, os trabalhadores sociais devem primar pela ética no trabalho. Esse é um princípio importante, sobretudo quando os educadores sociais trabalham na mesma comunidade em que residem. O respeito à dignidade humana, o compromisso e o sigilo profissional são exigências. Não se pode abrir mão desses valores éticos e políticos.

5.2 Ética e política em Paulo Freire

Como vimos ao longo desta obra, Paulo Freire primava pela ética universal do ser humano, sinônimo de defesa da dignidade humana. O autor pregava um rigor ético em defesa das pessoas e de sua libertação de tudo o que as oprime, o que significa ter uma opção política pela humanização e pela justiça social.

Toda ação que desempenhamos em nosso cotidiano, seja no trabalho, seja na vida pessoal, está marcada por opções. O educador social que faz a opção pela pedagogia freiriana entende (ou deveria entender) que a ética universal do ser humano assume um compromisso com a libertação e com a solidariedade.

É dever de quem assume uma pedagogia da educação popular lutar pela dignidade do oprimido e pela justiça social. Obviamente, uma ética universal do ser humano exige um projeto de sociedade emancipador, que não só inclua as pessoas na sociedade de mercado (injusta, competitiva, individualista e meritocrática), mas que, ao incluir, resista à lógica capitalista. Ao resistir, aprende-se, pela formação política, que a vocação ontológica do ser humano é a de lutar permanentemente em favor da justiça social. Logo, o tipo de formação desejada é a humana, com todas as suas dimensões (ética, estética, cultural, social, política etc.). Nunca é possível separar em dois momentos o ensino dos conteúdos da formação ética dos educandos (Freire, 2002). "O ensino dos conteúdos implica o testemunho ético do professor" (Freire, 2002, p. 104).

O educador social não ensina o conteúdo livresco, e sim a viver e a praticar os direitos sociais. Ensina os conteúdos da vida junto a outros conteúdos da cidadania. Ou seja, o trabalho do educador social implica o testemunho ético de seu fazer político-pedagógico.

> Neste fim de século, constatamos que é simplesmente um erro teórico a previsão de certa ética dos privilégios, à medida que o enriquecimento dos ricos levaria a mais investimentos, a mais empregos, a mais produção e, em última instância, a mais prosperidade para todos, na linha do famoso *trickling down*. A partir de certa distância entre ricos e pobres, o mercado se segmenta, e grande parte da população mundial é simplesmente marginalizada do processo central de acumulação liderado pelas empresas transnacionais. O fim da esperança do *trickling down* significa que estruturalmente o neoliberalismo não responde aos desafios modernos. É necessário buscar soluções novas. Finalmente, o próprio núcleo da teoria do capitalismo – da busca de maximização dos interesses individuais surgirá o melhor interesse social – é negado pelos fatos. Nessa etapa de capitalismo global, as políticas sociais compensatórias por parte do Estado são insuficientes não só nos países que carregam o ônus negativo das formas atuais de desenvolvimento, mas também nos países desenvolvidos, onde as pessoas se sentem cansadas de viver sob o terror do desemprego ou de se matar de trabalhar por objetivos de relação duvidosa com a qualidade de vida. (Dowbor, 2015, p. 12)

Dowbor aponta que o capitalismo é gerador de uma ética da desigualdade social. A luta histórica de educadores militantes de movimentos sociais populares é pela defesa da igualdade social e pela emancipação humana.

Na concepção de Freire (2002), a educação tem uma dimensão política. Deve estar a favor da humanização, sendo vivida, pensada e descoberta como processo de conquista e desenvolvimento processual da dimensão ética do bem viver. Portanto, educadores e educandos trabalham juntos a experiência de serem éticos, superando as injustiças sociais e lutando pelo processo de se formarem como sujeitos éticos. O ponto de chegada almejado é a humanização a partir do conviver, do dialogar, do aprender junto e do vivenciar ser ético com o outro. Sem a experiência de um fazer reflexivo, é quase impossível construir um projeto de educação e de sociedade libertadora, cujo horizonte seja uma sociedade socialista, isto é, livre de desigualdades sociais, culturais, educativas, políticas, de gênero etc.

Por isso, Paulo Freire questiona a sociedade capitalista e sua ética do mercado, opondo-se à ideologia mercantil, fatalista e determinista de mundo e da educação.

5.3 Fundamentos pedagógicos

Na pedagogia freiriana, a teoria não está separada da prática. Ambas ocupam posições dialógicas a serviço da educação libertadora. Os fundamentos pedagógicos são discutidos e analisados em conexão com os valores ético-políticos. A prática do educador social é pensada, discutida e analisadda para que, a partir dela, se anunciem possibilidades de solução para as situações-problema advindas do cotidiano do trabalho.

O educador social, com o entendimento das relações entre os acontecimentos locais e os globais (micro e macrossocial), tem mais condições de construir um processo de formação politizada. Para Freire (2002), mesmo o discurso teórico é questionável. É necessária uma reflexão crítica, tão concreta que chega a se confundir com a prática (Freire, 2002). Em outras palavras, a prática educativa do educador social é pedagógica e tem um conteúdo político, que precisa ser contextualizado de forma a permitir a compreensão do presente a partir do passado, com vistas a construir um futuro com horizonte promissor.

O que fundamenta o aspecto pedagógico do trabalho do educador social é a formação permanente associada à experiência de trabalho, cuja responsabilidade ético-política exige práticas pedagógicas problematizadoras, democráticas, participativas, reflexivas e desveladoras da realidade.

5.4 Espaços de atuação

O espaço educacional tem diversas ancoragens: um tempo histórico, um espaço territorial e uma conjuntura política. Espaço e tempo dialogam e se entrelaçam. Os educadores sociais se formam nas relações sociais de seu espaço de trabalho. A ética como humanização, convivência e fortalecimento de vínculos entre educandos e educadores é o princípio político-pedagógico de todo o processo educativo. Não há como trabalhar no contexto não escolar sem a ética libertadora. O respeito ao ser humano é uma exigência para a construção da justiça social e da humanização do mundo.

Educar a partir da ética da solidariedade e da justiça social é pressuposto político, requisitando uma pedagogia transgressora – que briga pela humanização e pela transformação social.

O espaço de atuação do educador social é construído pela participação de todos os sujeitos que integram o processo educativo. A ética da solidariedade e da justiça social se materializa mediante metodologias dialógicas. A educação escolar e até mesmo a educação não escolar, se referenciadas por Paulo Freire, têm o compromisso com as lutas e a transformação social, denunciando práticas desumanizantes e anunciando as possibilidades e os caminhos da construção de um mundo justo.

Síntese

- A educação não escolar formalizada/institucionalizada pode ser considerada uma modalidade de educação. Representa o espaço de atuação dos trabalhadores sociais multidisciplinares.
- Considera-se como trabalhador da educação social quem trabalha nas políticas de assistência social. Suas práticas pedagógicas ocorrem em espaços governamentais e não governamentais, com pessoas cuja vivência de processos de exclusão social exige políticas de inclusão social.

- As demandas da educação não escolar na vida cotidiana dos trabalhadores sociais não estão separadas dos **valores éticos e políticos** de nossa sociedade e da disputa de projetos em voga.
- Para Freire (2002), há saberes inerentes e semelhantes ao que entendemos ser importante para todos os trabalhadores sociais conhecerem, refletirem e conceberem como concepção de prática social educativa: educar na educação não escolar institucionalizada é um ato de ensinar algo e aprender outros.
- A natureza da prática educativa é **política** e tem a necessária **diretividade**.
- O educador social deve se pautar pela **justiça social**, fazendo da educação um lugar de formação humana. Dessa forma, qualifica a educação como política.
- As instituições nas quais os educadores sociais trabalham são as de defesa e garantia de direitos.
- Os educadores sociais prestam serviços, executam programas e projetos voltados para a defesa e efetivação dos direitos sociais, a construção de novos direitos, a promoção da cidadania, o enfrentamento das desigualdades sociais e a articulação com órgãos públicos de defesa de direitos.

Para saber mais

Para conhecer a contribuição de Paulo Freire para o debate sobre questões éticas, consulte o verbete indicado a seguir.

TROMBETTA, S.; TROMBETTA, L. C. Ética. In: STRECK, D. R.; REDIN, E.; ZITKOSKI, J. J. (Org.) **Dicionário Paulo Freire**. Belo Horizonte: Autêntica, 2018. p. 205-207.

Questões para revisão

1. Assinale a alternativa correta sobre ética:

    a) Para Freire (2002), a educação humanizadora não tem exigência estética, uma vez que ela faz parte da arte-educação.
    b) A ética em Paulo Freire é fundada pela pedagogia humanizadora, que exige o ensino religioso sem nenhum tipo de doutrinação.
    c) A ética exige respeito à dignidade e à própria autonomia do educando. Segundo Freire, a educação humanista-libertadora é radicalmente contra a ética do mercado.
    d) O sistema capitalista alcança, no neoliberalismo globalizante, uma educação libertadora.

2. Assinale a alternativa **incorreta** sobre o trabalho do educador social:

    a) O educador social que compreende as relações entre os acontecimentos locais e os globais tem mais condições de construir um processo de formação politizada.
    b) A prática educativa do educador social é pedagógica. Seu conteúdo é político, contextualizado de forma a compreender o presente a partir do passado. Seu objetivo é construir um futuro com horizonte promissor.
    c) Em seu espaço de trabalho, os educadores sociais formam e se formam nas relações sociais. Ao analisarem criticamente suas práticas educativas, devem desconstruir os saberes adquiridos na escola, desenvolvendo ações político-educativas não escolarizantes.
    d) Um fundamento básico do trabalho do educador social é a ética do ser humano, capaz de fazer de seu espaço de trabalho um lugar de vivências e aprendizagens cidadãs.

3. Segundo Freire (1987, 2002), as práticas educativas:

   a) são libertárias e sem diretividade, como afirma a pedagogia de Carl Roger.
   b) têm natureza política e a necessária diretividade.
   c) não são políticas e devem ser autoritárias, como forma de banir a pedagogia bancária.
   d) partem somente da pedagogia da presença, ignorando a memória pedagógica e cultural dos processos educativos.

4. Segundo Dowbor (2015, p. 12), constatamos, neste fim de século, que é "um erro teórico a previsão de certa ética dos privilégios, à medida que o enriquecimento dos ricos levaria a mais investimentos, a mais empregos, a mais produção e, em última instância, a mais prosperidade para todos, na linha do famoso *trickling down*". Nesse contexto, qual é o interesse do capitalismo?

5. Qual dimensão ética valoriza a convivência e o fortalecimento de vínculos entre educandos e educadores com respeito ao ser humano e destina-se à construção da justiça social e da humanização do mundo?

Questões para reflexão

1. As demandas da educação não escolar na vida cotidiana dos trabalhadores sociais podem ser tratadas separadamente em relação às demandas sociais políticas mais amplas, como no caso do projeto de Estado em voga?
2. Quais valores éticos e políticos de nossa sociedade estão em disputa na atualidade?

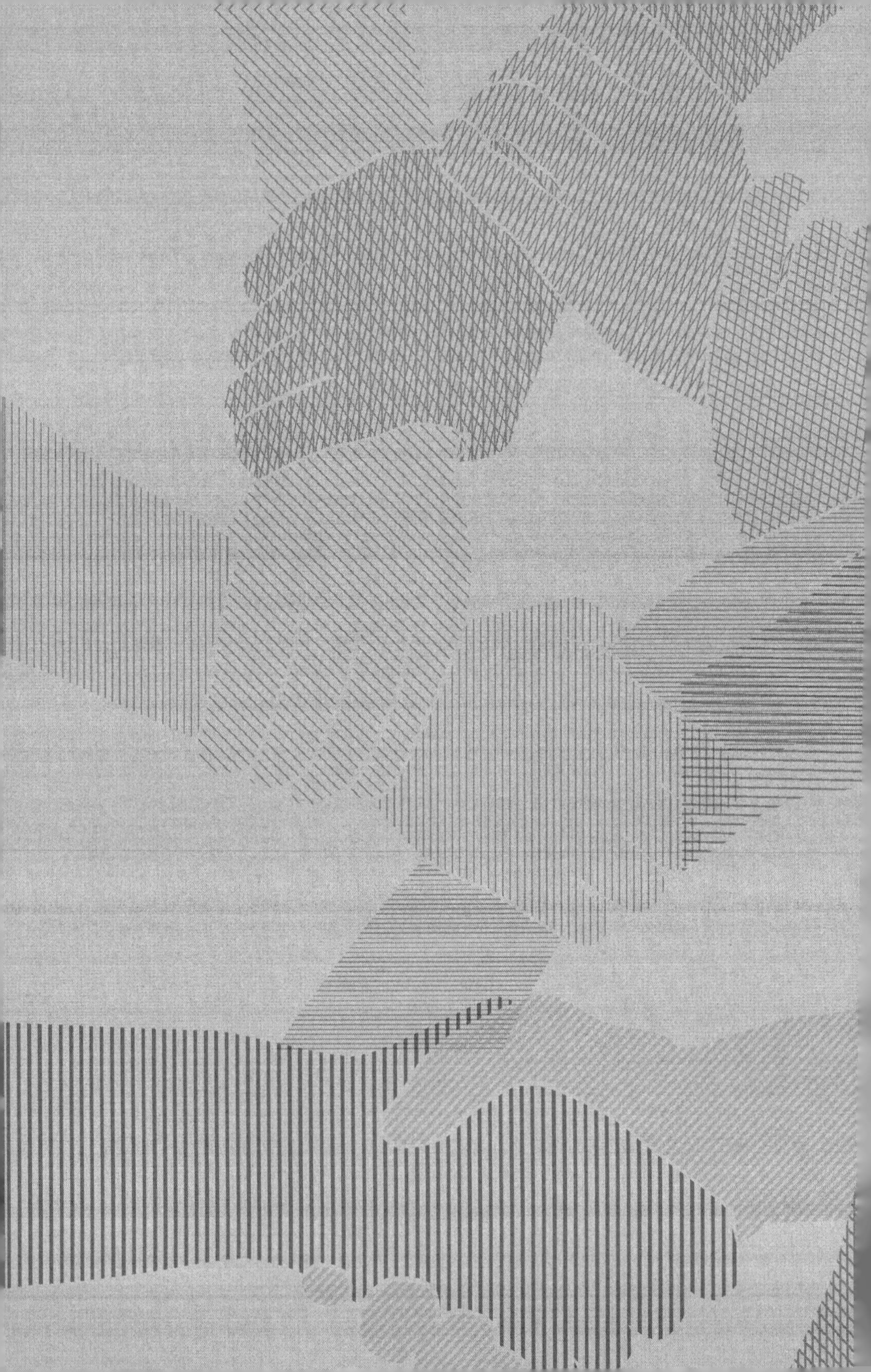

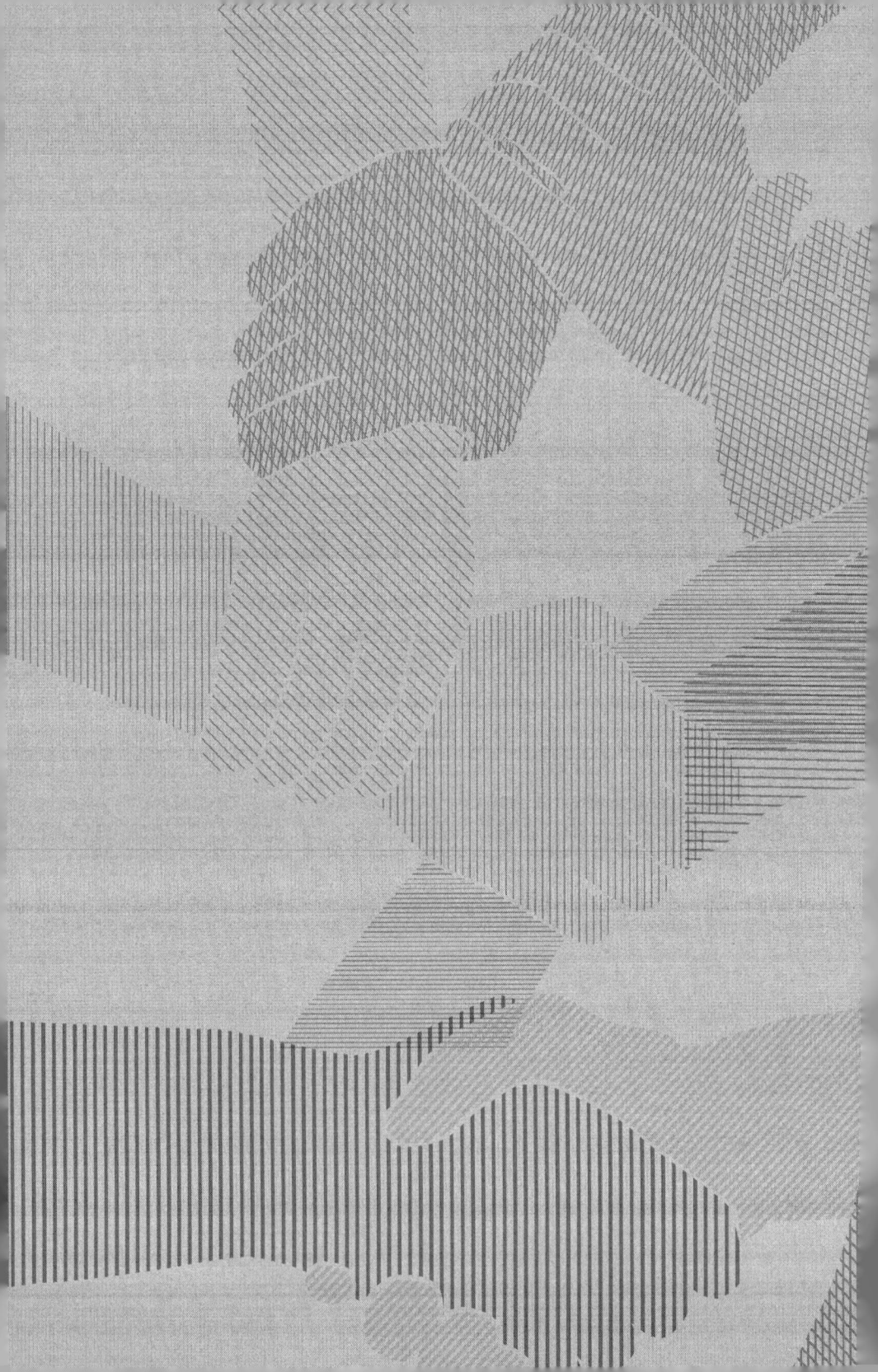

CAPÍTULO 6

Papel do educador social:
trabalho e processo formativo

Conteúdos do capítulo

- Educador social e sua profissionalização: legislação e experiências de organizações sociais.
- Espaços de luta dos educadores sociais.
- A luta pelo acesso à universidade e experiências de formação de educadores sociais fora da universidade.
- Organizações da sociedade civil – espaços de atuação.

Após o estudo deste capítulo, você será capaz de:

1. reconhecer espaços de luta e de trabalho do educador social brasileiro;
2. debater a formação de educadores sociais e suas demandas;
3. interpretar a legislação que normatiza o trabalho do educador social;
4. apontar a necessidade de cursos de formação para trabalhadores da educação não escolar.

A educação não escolar formalizada/institucionalizada é uma nova modalidade de educação e constitui-se em espaço de atuação dos trabalhadores sociais multidisciplinares, sobretudo aqueles que atuam nas políticas de assistência social. Igualmente, referimo-nos ao contexto político da educação não escolar formalizada/institucionalizada, que se soma à natureza política da prática educativa. À vista disso, o educador social é um profissional que busca promover a justiça social mediante a defesa e a garantia de direitos. É por isso que se faz necessário discutir a profissionalização do educador social no Brasil.

6.1 A profissionalização do educador social no Brasil

A profissão de educador social ainda não foi regulamentada. Há, no entanto, movimentos em prol de sua regulamentação. Existem dois projetos de lei em andamento sobre o assunto. Bauli (2018, p. 147) analisa o teor desses projetos:

> Conforme sustentado na contribuição ofertada à Comissão de Constituição e Justiça do Senado Federal em agosto de 2015, subscrita pela Presidente da AESMAR, Dra. Verônica Regina Müller, a regulamentação da profissão do Educador Social mudará o olhar das instituições públicas e privadas e da população em geral para este Educador.

O autor também resgata outros movimentos: "As reflexões acerca da temática da regulamentação da profissão de Educador Social já se desenvolvem de forma efetiva há mais uma década, consoante se verifica a partir das remissões constantes da Justificação do Projeto de Lei n. 5.346/2009" (Bauli, 2018, p. 148).

Em Porto Alegre, no Rio Grande do Sul, a Associação de Educadores Populares de Porto Alegre (Aeppa) congrega educadores escolares e não escolares. Muitos educadores sociais reivindicam a formação profissional desde os anos 1990 (Paulo, 2013). Alguns cursos foram implantados, mas nenhum específico para educadores sociais em nível de graduação. Todos os cursos via Aeppa destinam-se a educadores escolares e não escolares e têm como perspectiva teórico-metodológica a educação popular freiriana.

Conforme Bauli (2018), somente em janeiro de 2009 os educadores sociais passaram a integrar a Classificação Brasileira de Ocupações (CBO). Posteriormente, em junho de 2009, foi apresentado um projeto de lei sobre o tema, graças à intermediação da Associação dos Educadores e Educadoras Sociais do Ceará (Aesc).

Na Aeppa, cursos livres e de extensão foram desenvolvidos para educadores sociais por meio do Instituto de Desenvolvimento Social Brava Gente. Os cursos começaram a ser pensados e desenhados em 2009, a partir de uma demanda da Aeppa. Em 2010, formou-se a primeira turma do curso denominado *Formação de Educadores Sociais*, um trabalho que tem continuidade até os dias de hoje. Inicialmente, cobrava-se um valor simbólico para custear o aluguel do espaço e o pagamento dos profissionais que atuavam nos cursos. De 2017 em diante, a Aeppa assumiu a coordenação geral dos cursos, que se tornaram gratuitos, viabilizados por instituições parceiras.

O Instituto de Desenvolvimento Social Brava Gente continua sendo um parceiro, atuando na coordenação de cursos. Outras instituições e movimentos populares também colaboram com o processo de execução dos projetos.

Os primeiros educadores sociais que buscaram qualificação nos cursos realizados pela Aeppa e pelo Instituto de Desenvolvimento Social Brava Gente são, na maioria, trabalhadores de instituições do terceiro setor com experiência de participação em movimentos sociais. De 2014 em diante, o público foi mudando. Percebeu-se que a procura pelo curso também se devia à possibilidade de emprego na área da educação não escolar.

6.2 Formação do educador social na perspectiva da educação popular: educação não escolar nas ONGs

Desde 1990, nas grandes cidades, proliferaram inúmeras organizações da sociedade civil sem fins lucrativos, as conhecidas organizações não governamentais (ONGs), ou entidades do terceiro setor. Essas instituições, aos poucos, passaram a executar as políticas sociais via parceria público-privada. Em Porto Alegre, há mais de 300 ONGs executando políticas de educação e assistência por meio de parcerias público-privadas.

Segundo a Associação Brasileira de Organizações Não Governamentais (Abong), muitas ONGs estão vinculadas à execução de atividades e projetos sociais via regime de colaboração com a Administração Pública. Além dessa característica, existe a gratuidade desses serviços.

Em julho de 2018, o Instituto de Pesquisas Econômicas Aplicadas (Ipea) publicou o Mapa das Organizações da Sociedade Civil, que levantou o número de ONGs no Brasil. Foram identificadas 820 mil entidades, sendo 19% delas localizadas na Região Sul.

Para saber mais

O Ipea disponibiliza um portal em que é possível consultar o número de ONGs no país, alocadas por estados e cidades. Recomendamos a navegação pelo mapa para aprofundar seus conhecimentos.

MAPA DAS ORGANIZAÇÕES DA SOCIEDADE CIVIL. Disponível em: <https://mapaosc.ipea.gov.br/resultado-consulta.html>. Acesso em: 13 out. 2019.

Apresentaremos, a seguir, algumas ONGs que executam as políticas do Serviço de Convivência e Fortalecimento de Vínculos (SCFV) na cidade de Porto Alegre. No estudo do Ipea, localizamos 6.967 instituições cadastradas na capital gaúcha, sendo 216 dedicadas à política da educação infantil via regime de colaboração. Essas parcerias são possíveis desde a implantação do Marco Regulatório das Organizações da Sociedade Civil (Lei n. 13.019, de 31 de julho de 2014), que estabelece parcerias entre a Administração Pública e as organizações da sociedade civil.

Atualmente, 126 ONGs executam políticas de assistência social com parceria municipal via Fundação de Assistência Social e Cidadania (Fasc) de Porto Alegre. Destas, muitas também têm convênio com a Secretaria Municipal de Educação para a execução da educação infantil (Paulo, 2013). São mais de 9 mil crianças e adolescentes atendidos no SCFV e nas ONGs.

O valor repassado para cada instituição depende do número de pessoas atendidas. O valor é, aproximadamente, de R$ 264,00 por atendido por mês. Com o montante dos recursos previstos e celebrados no termo de colaboração (antigo convênio), a ONG pode custear pagamento de pessoal, serviços de terceiros, material de consumo e material permanente.

Após o Marco Regulatório das Organizações da Sociedade Civil, dirigentes de ONGs podem ser remunerados com recurso público, desde que estejam trabalhando na execução do objeto da parceria. Para tanto, os editais têm solicitado que a necessidade da contratação (equipe de trabalho) conste no plano de ações encaminhado, avaliado e autorizado pela Fasc.

Sobre esses dados, é fundamental apontar as estratégias dessas parcerias público-privadas na perspectiva da pedagogia crítica. Primeiramente, para a lógica neoliberal, as políticas sociais são consideradas gastos públicos, e não investimento social. Na teoria do livre mercado, a burguesia considera que as políticas sociais sequer deveriam existir. Afirmam que o Estado, ao custeá-las, estaria roubando das demais classes. Evidentemente, as políticas neoliberais são uma vertente de direita, defensora da privatização das estatais, do liberalismo econômico e da não intervenção do Estado na economia, beneficiando os poderosos empresários. Sabemos que a privatização traz consequências agravantes, como o desemprego, o trabalho informal, a terceirização e, consequentemente, a perda de direitos sociais.

As ONGs estão em uma terceira via: nem mercado, nem Estado. Aqui reside um problema de ordem interpretativa, sobretudo para quem vive do trabalho das ONGs, como é o caso dos educadores sociais, e para quem compra a ideia de colaboração e de trabalho quase voluntário.

Nesse entendimento, ao terceirizar ou realizar políticas de parcerias, os serviços públicos estatais são diminuídos, sucateados, precarizados e, posteriormente, privatizados. Enquanto não ocorre a privatização, as instituições conveniadas do terceiro setor, por meio de parceria público-privada, são um exemplo de formas de retirar das instituições públicas estatais a execução e a coordenação das políticas sociais.

Escolher as instituições das comunidades para firmar parcerias é uma estratégia inteligente dos neoliberais, pois equilibra as tensões entre o movimento popular e o movimento conservador, transformando a terceira via em continuidade do neoliberalismo (Antunes, 2005). Esse sistema, advindo do movimento conservador, não vislumbra a transformação social emancipatória. As ONGs, na execução das políticas sociais, ocupam-se do trabalho com a pobreza e enfatizam a importância de reduzi-la, mas não representam um movimento de ruptura com o capitalismo.

Embora Antunes (2005) aceite o valor socialista básico da justiça social, essa estratégia, segundo ele, rejeita a política de classe. Trabalhar valores e princípios consubstanciados nesse projeto é de suma importância, pois observamos que educadores sociais não fazem, ainda, uma leitura crítica do contexto. Ao utilizar Paulo Freire como referencial teórico, seria interessante partir da pedagogia freiriana para adentrar nas pedagogias periféricas, que são, normalmente, tornadas invisíveis e utilizadas pelos neoliberais para assumir os valores do mercado no lugar da solidariedade.

A Fasc celebra vários convênios com uma única instituição, porém não foi possível identificar essas particularidades e complexidades no Mapa Regulatório das Organizações da Sociedade Civil. Para exemplificar esse caso particular, citaremos a Ação Comunitária Paroquial (Acompar), situada na região norte de Porto Alegre. No levantamento do Ipea, essa instituição não apresentou descrições sobre sua atuação local nem informou os dados gerais, áreas e subáreas de atuação, titulações e certificações, relações de trabalho e governança, projetos, atividades e/ou programas etc.

A Acompar tem convênio com a Fasc desde 2013, conforme consta no *site* da prefeitura de Porto Alegre. Em 2015, iniciou-se o trabalho com o SCFV, descrito como modalidade SCFV/Sase (Serviço de Atendimento Socioeducativo), atendendo 120 crianças e adolescentes. No convênio, esse número é nomeado *meta*.

Em instituições como a Acompar, são executados programas vinculados à política de assistência social, tais como o SCFV, nas modalidades de 6 a 14 anos e adultos. A entidade realiza trabalho educativo no SCFV para 15 a 18 anos. Também conduz a Ação Rua, o Projovem Adolescente, o Serviço de Atendimento à Família (SAF) e o acolhimento institucional, entre outros.

As instituições com convênios (regime de colaboração) que executam políticas da assistência social são cadastradas no Conselho Municipal de Assistência Social de Porto Alegre (Cmas), cuja função é deliberar e fiscalizar a execução da política e seu financiamento. Os educadores sociais atuam nesses programas.

A política de assistência social é considerada recente e demarca a luta dos movimentos sociais em prol dos direitos sociais. Esses direitos integraram a Constituição Federal de 1988, que contém uma seção específica sobre assistência social. Cinco anos depois, em 1993, foi aprovada a Lei Orgânica n. 8.742. Essa legislação ajuda a entender como foi se constituindo o terceiro setor.

É fundamental, ainda, destacar a criação da Conferência Nacional de Assistência Social (Cnas) e do Sistema Único da Assistência Social (Suas), políticas que visavam romper com práticas assistencialistas desarticuladas.

De modo geral, a década de 1990, no Brasil, é marcada por grandes transformações:

> Os movimentos sociais populares perdem suas forças mobilizadoras, pois as políticas integradoras exigem a interlocução com organizações institucionalizadas. **Ganham importância as ONGs por meio de políticas de parceria estruturadas com o poder público**, que, na grande maioria dos casos, mantêm o controle dos processos deflagrados enquanto avalista dos recursos econômico-monetários. (Gohn, 1997, p. 297, grifo nosso)

No caso de Porto Alegre, cabe destacar:

> Executar os projetos pelo governo era o melhor, mas não tem esse interesse – o governo pretende se aliar às ONGs. Repassam para as ONGs os problemas sociais e não resolvem como política pública. Falo ONG porque nossas associações não são governamentais, são dos moradores e do bairro. Tem ONGs e ONGs, e o governo arrumou um jeito de sensibilizar a sociedade. Penso que a prefeitura deveria fazer um plano de carreira para educadores, mas eles não vão fazer, porque não querem nos assumir. Por outro lado, as associações não têm como fazer porque não têm dinheiro. (Paulo, 2013, p. 194)

Primeiramente, é importante esclarecer que o conceito de movimento social não é equivalente ao de ONG. Os movimentos sociais populares têm em sua agenda lutas populares, associadas a um projeto de sociedade socialista. Portanto, não se ocupam da prestação de serviços nas comunidades por meio de parcerias público-privadas. Já as ONGs se destinam a executar as políticas sociais em comunidade com altos índices de miserabilidade e violência, encarregando-se de trabalhar com a questão social.

Couto (2006) considera que a política de assistência social realizada por ONGs é preocupante, pois pode ser entendida como caridade e assistencialismo, substituindo as lutas populares de melhora da condição de vida. Para a autora, a política de assistência social deveria ser política pública de função governamental.

Os educadores sociais, em geral trabalhadores das ONGs com o SCFV, atendem crianças e adolescentes em situação de vulnerabilidade social. De acordo com a Tipificação Nacional de

Serviços Socioassistenciais, o SCFV é um serviço de proteção social básica que visa prevenir a ocorrência de situações de risco social, complementar o trabalho social com famílias, fortalecer vínculos familiares, incentivar a socialização e a convivência comunitária. Tem caráter preventivo e proativo, pautado pela defesa e afirmação dos direitos e pelo desenvolvimento de capacidades e potencialidades, com vistas a encontrar alternativas emancipatórias para o enfrentamento da vulnerabilidade social (Brasil, 2009a).

Os educadores sociais, em sua maioria, são trabalhadores oriundos das comunidades em que as ONGs estão inseridas. Não costumam ter formação específica, embora alguns tenham histórico de trabalho voluntário.

Na política de assistência social, observamos uma reduzida discussão sobre o educador social. Muitas vezes, ele é denominado *monitor, atendente, auxiliar, assistente, oficineiro, colaborador, socioeducador, animador* etc. Como meio de minimizar essa situação – referente à ocupação e às funções do educador –, há vários fóruns municipais de educadores sociais e projetos de leis que objetivam regulamentar a profissão.

A Aeppa, por exemplo, já mencionada nesta obra, nasceu do movimento de educação popular. No Mapa Regulatório das Organizações da Sociedade Civil, é classificada como ONG, embora não execute políticas sociais na modalidade de parceria público-privada, tampouco receba recurso público ou privado para a realização de suas atividades.

É equivocado considerar a educação não escolar como não formal. Sob o ponto de vista legal, é possível perceber a formalização. Essa informação está presente na Constituição Federal (1988), no ECA (1990), na Lei Orgânica da Assistência Social (1993), na Lei de Diretrizes e Bases da Educação Nacional (1996), no Sistema Único da Assistência Social (2005) e na Tipificação Nacional de Serviços Socioassistenciais (2009).

A Lei de Diretrizes e Bases da Educação Nacional de 1996 estabelece o conceito ampliado de educação: "Art. 1º A educação abrange os processos formativos que se desenvolvem na vida familiar, na convivência humana, no trabalho, nas instituições de ensino e pesquisa, nos movimentos sociais e organizações da sociedade civil e nas manifestações culturais" (Brasil, 1996).

Essa legislação representa um avanço na concepção de educação para além da escola. O mesmo se aplica ao documento das Diretrizes Curriculares Nacionais para o Curso de Pedagogia (2006), que descreve a formação de profissionais para atuarem com processos e práticas educativas em espaços não escolares:

> Entende-se que a formação do licenciado em Pedagogia fundamenta-se no trabalho pedagógico realizado em **espaços escolares e não escolares**, que tem a docência como base. Nesta perspectiva, a docência é compreendida como ação educativa e processo pedagógico metódico e intencional, construído em relações sociais, étnico-raciais e produtivas, as quais influenciam conceitos, princípios e objetivos da Pedagogia. (Brasil, 2006b, p. 7, grifo nosso)

A formação do educador social é pontuada por divergências. Discutem-se o nível (educação básica ou superior), o tipo (licenciatura, bacharelado ou tecnólogo) e a modalidade (presencial, semipresencial ou a distância). Há uma crença de que educadores sociais não são professores, ou seja, não estariam desenvolvendo a docência de acordo com as Diretrizes Curriculares Nacionais para o Curso de Pedagogia (2006). Por outro lado, o educador social não é um gestor ou um técnico de atividades educacionais ou assistenciais.

Esse entendimento é uma questão a ser investigada em âmbito nacional. Enquanto o tema é deslocado para outras preocupações (por exemplo, execução das políticas de atendimento às crianças e aos adolescentes em situação de vulnerabilidade social), o público atendido pode estar recebendo educação de pouca qualidade social. Partindo da hipótese de que as ONGs situadas nas comunidades periféricas empregam a comunidade local, é possível que alguns gestores e educadores locais não compreendam de modo crítico as relações entre Estado e sociedade civil organizada, bem como as contradições existentes na execução das tarefas que deveriam ser realizadas pelas instituições públicas estatais.

Diante dessa problemática, elaboramos um conjunto de questões (estruturadas e semiestruturadas) para entrevistar dez educadores sociais que atuam no SCFV, em Porto Alegre. As entrevistas foram realizadas presencialmente, no mês de outubro de 2018, em ONGs conveniadas à Fasc, que executam o SCFV nas regiões com Centros de Referência e Assistência Social (Cras).

Estávamos interessados nas experiências formativas e nas demandas profissionais desses educadores. Conhecemos dezenas de educadores sociais com o ensino médio incompleto, abaixo da escolaridade mínima (educação básica completa). Para além da regulamentação, o setor considera que a formação inicial demanda a realização do curso de educador social, na modalidade de extensão ou curso livre.

As entrevistas contribuíram para ampliarmos os estudos, os diálogos, as problematizações e as análises referentes não só aos temas que julgamos importantes, estabelecendo uma conversa com educadores sociais mediante as entrevistas, mas também àqueles temas que surgiram com e a partir das entrevistas.

As questões trataram da relação formação-trabalho, da identidade profissional e de suas demandas. Todos os entrevistados trabalham em ONGs cadastradas no Conselho Municipal de Assistência Social (Cmas) e no Conselho Municipal dos Direitos da Criança e do Adolescente (CMDCA). Essas ONGs executam a política de assistência social, na modalidade SCFV/Sase, atendendo mais de 40 crianças e adolescentes, em média. Em cada turma, há entre 25 e 35 educandos, que são acompanhados com lista de frequência, registrada pelos educadores sociais. Ao serem questionados sobre o que faz e quem é o educador social, os entrevistados responderam:

- "O educador social possibilita criar espaços de convivência."
- "Oportuniza o pensar, a crítica e propõe buscar informação constantemente."
- "Trabalha nas políticas públicas de saúde, segurança, meio ambiente e sobre drogas."
- "Atua em empresas ou ONGs."

- "Faz a intermediação entre as demandas sociais e as políticas públicas, a fim de que sejam garantidas a todo cidadão."
- "Leva o conhecimento a todos em situação de vulnerabilidade – o empoderamento."
- "Busca estar presente e orientando."
- "Cuida, ensina, protege, repreende com amor."
- "É parecido com o que se trabalha em sala de aula."
- "É parecido, mas não é o contexto escolar formal."

O Quadro 6.1 apresenta uma síntese referente à formação dos educadores entrevistados.

Quadro 6.1 – Formação dos educadores sociais entrevistados

Educadores Sociais	Formação
1	Magistério e cursando Pedagogia
1	Cursando Pedagogia sem outros cursos
1	Pedagogia
1	Pedagogia com especialização
1	Sociologia
0	Psicologia
1	Assistência Social
1	Ensino médio sem curso técnico e sem curso de Educador Social (curso livre)
2	Ensino médio com o curso de Educador Social (curso livre)
1	Outros cursos sem ensino médio completo

É interessante observar que os educadores sociais encontram semelhanças entre o próprio trabalho e a atividade de um professor. Do mesmo modo, entendem que os contextos educativos têm suas particularidades, diferindo-os do espaço escolar. Outrossim, referem-se ao trabalho educativo a ser realizado de forma articulada com outras políticas sociais (saúde, educação, segurança etc.). Curiosamente, o educador que apontou essa conexão é formado em Serviço Social, um curso focado em múltiplos contextos de execução de políticas sociais.

O educador com ensino médio incompleto concebe sua profissão como orientação, no sentido de aconselhamento, ou seja, estar junto das crianças e dos adolescentes no intuito de que sejam cuidados por um adulto. Trata-se de uma visão que também aparece em outras respostas.

Em se tratando da política de assistência social, as questões respondidas estão de acordo com a Tipificação Nacional de Serviços Socioassistenciais. Por outro lado, as características formativas, em concordância com as informações obtidas com os sujeitos entrevistados, confirmaram algumas de nossas suspeitas iniciais:

- Os educadores sociais, mesmo aqueles formados no ensino superior, sentem-se desprovidos de formação específica, sobretudo porque seu trabalho se relaciona às políticas de garantia dos direitos sociais, presentes na Constituição Federal de 1988.
- As ONGs executam políticas de assistência social e empregam a comunidade local, por isso acabam se distanciando de discussões sobre trabalho, políticas estatais e projeto de sociedade.

Perguntamos qual deve ser a formação do educador social, obtendo os seguintes apontamentos:

- "Ensino médio com curso de Educador Social."
- "Pós-médio técnico, seguido de superior."
- "Tecnólogo, bacharelado e licenciatura com especialização."
- "Curso próprio e específico."
- "Formação multidisciplinar."
- "Curso superior."
- "Formação continuada."
- "Pedagogia, porque abrange toda a área da educação com o social."
- "Ensino médio."
- "Educação popular."

Esses educadores de espaços não escolares institucionalizados, vinculados a ONGs, sentem-se despreparados por falta de formação específica. Por isso, indicam a necessidade de cursos com temas específicos da educação não escolar. Um deles acredita que o ensino médio contempla as necessidades ocupacionais de um educador social (esse educador não tem a educação básica completa).

Outros, mesmo aqueles que não apontaram a educação superior, destacaram a importância de formação que contemple os saberes e as necessidades do trabalho atrelados às políticas de garantia dos direitos sociais. Sublinhamos que o curso de Pedagogia foi citado, e o educador que respondeu à questão tem conhecimento das diretrizes curriculares do curso. No total, quatro educadores são graduados ou estão cursando Pedagogia. Além desses, outros três desejam cursar.

Ao tratar da CBO e da formação do educador social, Bauli (2018, p. 61, grifo do original) ressalta:

> Na **descrição da formação e experiência** são indicados o nível de escolaridade do trabalhador e eventual experiência que se faça necessária previamente. Para o profissional da Educação Social, a CBO deixa livre o acesso às ocupações da **Família**, sem indicar requisitos de escolaridade [...]. Admitido que é livre de critérios de escolaridade o exercício profissional dos ocupantes desta família, é conclusivo que tanto um analfabeto como um pós-doutor podem exercer as atividades, segundo a CBO.

Os estudos desse autor contribuem para avançarmos nos temas de formação e trabalho, sobretudo porque o espaço de atuação e as atividades realizadas pelo educador social são complexos, demandando saberes específicos que a educação básica brasileira não contempla. Com base em suas pesquisas, Paulo (2010, p. 18-19, grifo nosso) defende uma formação específica para educadores:

> A classe trabalhadora que atua na educação comunitária de POA (educadoras/es populares) se distingue da classe trabalhadora do magistério municipal por muitos motivos, dentre eles: distinção de salário, vínculo empregatício, carga horária de trabalho, formação

específica etc. **Uma das diferenças mais importantes está no campo da formação**, pois as/os educadoras/es populares não necessariamente precisam, por exemplo, ter o curso normal e/ou pedagogia para atuarem na educação infantil nas creches conveniadas com a SMED, mas sim terem no mínimo o curso de Educador assistente e ensino fundamental, priorizando o ensino médio. As/Os educadoras/es do MOVA e **SASE** também não necessitam de curso específico, **apenas o ensino médio completo**. Deve-se salientar que, independente da formação do/a educador/a popular, o salário e/ou ajuda de custo são de mesmo valor.

Cabe explicar que o uso da expressão *educadores populares* advém da Aeppa, espaço em que essa pesquisa foi realizada. Educadores que participam dessa associação consideram-se educadores populares, por conta de sua militância (a Aeppa emergiu do movimento de educação popular dos anos 1990). Entretanto, as ocupações desses profissionais são diversas: educador assistente, técnico de desenvolvimento infantil, oficineiro, monitor, educador social, orientador, coordenador pedagógico etc. Paulo (2010) busca discutir a necessidade de cursos de formação específicos para educadores que trabalham na rede conveniada (as ONGs) com o município de Porto Alegre e não contam com formação profissional – considerados, então, educadores leigos. Pela trajetória da/na educação popular, a opção é pelo embasamento teórico. Nessa perspectiva, é importante ressaltar que

> O processo histórico que permeia a Educação Popular em âmbito não escolar, na capital gaúcha, tem na presente pesquisa uma contribuição que explicita a relação de formação de Educadoras/es Populares que trabalham nas instituições comunitárias de Porto Alegre, ao publicizar a história da AEPPA como promotora de luta pelo acesso à universidade por meio de um movimento popular organizado. (Paulo, 2010, p. 14)

Três anos depois, a mesma autora escreve:

> É nesse processo histórico que a AEPPA se encontra e tem se organizado para a construção de projetos alternativos de cursos de formação para educadores (as) populares. Mesmo com as exigências da formação para o mercado, em contramão à AEPPA, a partir dos

> coletivos de educadores (as), sinaliza-se a emergência de uma Pedagogia Social nos pressupostos da EP, a qual seja construída com os (as) educadores (as), seja interdisciplinar, com currículo, horário e organização do tempo e do espaço diferenciado do atual curso de Pedagogia, e por fim gratuita e de qualidade social. (Paulo, 2013, p. 248)

Nenhum dos educadores entrevistados citou a pedagogia social. Entretanto, a educação popular foi identificada como possibilidade e alternativa à formação de educadores sociais. Os entrevistados apontaram a educação popular como curso. No entanto, estamos entendendo que ela deva estar presente nos currículos dos cursos destinados aos educadores sociais, e não como nomenclatura da graduação, como já acontece no curso tecnólogo denominado *Educador Social*.

Desde a pesquisa de Paulo (2013), a importância da formação multidisciplinar foi evidenciada. Esse destaque revela as características do trabalho do educador social, que serão descritas a seguir, considerando-se as temáticas que deveriam compor os cursos de formação.

Outra questão importante, levantada por quase todos os entrevistados, é a necessidade de curso próprio e específico para educadores sociais. Os educadores destacaram temas que deveriam ser trabalhados nos cursos:

- "Filosofia."
- "História."
- "Educação popular."
- "Pedagogia."
- "Mediação de conflito, métodos de intervenção humanizada."
- "Estatuto da Criança e do Adolescente."
- "Políticas públicas de forma geral."
- "Deficiências, *bullying*, doenças relacionadas às mídias sociais (dependência das TI), dependência química, depressão, suicídio."
- "SCFV."
- "Mediação de conflitos."
- "Entrevista motivacional."

- "Preparação para o mercado de trabalho."
- "Preparação para um lar substituto."

Os temas apontados revelam saberes gerais e específicos, demonstrando que mesmo educadores sociais com curso superior demandaram temas específicos de seu trabalho. Sobre a menção a uma entrevista motivacional, a resposta contemplava o fato de que adolescentes não se sentem preparados para o ingresso no mundo do trabalho. A partir do trabalho do educador social, afirmaram os entrevistados, esses jovens se fortalecem.

Um educador respondeu que encontrava dificuldades de encaminhar, direcionar, fiscalizar, cobrar e se envolver em situações que chegavam à sua rede. A resposta nos levou a trabalhar o tema da rede de atendimento da criança e do adolescente no curso promovido pela Aeppa.

No âmbito da formação universitária, observamos um distanciamento da discussão sobre formação de educadores sociais e da educação não escolar. Três dos educadores entrevistados não souberam conceituar a educação que realizam, embora tivessem formação universitária. Eles alegaram que não estudaram esses temas na graduação. Diante dessa afirmativa, surgiram as seguintes definições para a educação não escolar:

- "Educação não formal."
- "Educação social."
- "Educação no campo social."
- "Educação popular."
- "Educação informal."
- "Educação natural."
- "Educação revolucionária."
- "Educação universal."
- "Educação laica e solidária."
- "Educação transformadora."
- "Educação dialógica."
- "Educação freiriana."

- "Educação coletiva."
- "Educação que orienta e ensina."
- "Educação que ensina e aprende."

Alguns educadores sociais formularam mais de duas definições. Algumas se aproximam de Paulo Freire, outras se distanciam. Freire foi citado como pensador da educação não escolar por oito educadores entrevistados. Dois não responderam em um primeiro momento, mas citaram, após nova problematização, o Estatuto da Criança e do Adolescente (ECA). Além de Freire, citado por 8 educadores, outros intelectuais foram mencionados: Marshall Rosenberg (1 vez), Danilo Gandin (1 vez), Carlos Rodrigues Brandão (2 vezes), Marcelo Rezende Guimarães (2 vezes), Edgar Morin (2 vezes), Rubem Alves (2 vezes) e Jean Piaget (3 vezes).

Paulo (2013) explicita a importância da formação na universidade e fora dela, descrevendo uma atividade de educação popular:

> Para dar conta dessa necessidade de aprofundamento teórico, passou-se a organizar a assembleia em dois tempos: tempo-formação e tempo-reunião. Já nas primeiras formações, foi sugerido por educadores(as) que falássemos sobre as diferenças entre **Educação Popular e Educação Social**, esta última utilizada em projetos educativos vinculados à área da Assistência Social. [...]. O esforço resultou numa longa conversa sobre quais temáticas deveriam compor as formações na associação, a fim de fortalecer o grupo a pensar sobre as possibilidades de um **curso de Pedagogia Social com ênfase na Educação Popular**, demanda levantada pelos(as) educadores(as). (Paulo, 2013, p. 59, grifo nosso)

Paulo (2010, 2013), Gadotti (2012), Natali (2016) e Bauli (2018) argumentam a favor da formação em nível superior para educadores sociais.

Como expressão das defesas dos autores citados, apontamos um autor reconhecido entre nós, o professor Moacir Gadotti, que nos representa ao afirmar que o trabalho social precisa ser integrado por equipes profissionais de diferentes áreas, com formação de nível médio, técnico ou superior, mas também com um caráter intersetorial (Gadotti, 2012).

No tocante aos autores citados pelos educadores sociais, coube perguntar-lhes sobre a presença de Freire no SCFV. A questão foi: O que de Freire se utiliza como referência na educação não escolar? As respostas foram:

- "São teorias. Utilizamos para fortalecer o trabalho na instituição."
- "Uso a pedagogia de Paulo Freire por ser ele um educador social."
- "A *Pedagogia do oprimido* ajuda em nossa comunidade."
- "Porque ninguém é sujeito da autonomia de ninguém."
- "Paulo Freire fortalece o trabalho realizado."
- Gosto do livro amarelo do Paulo Freire e Adriano Nogueira que fala de educação popular.
- O saber de história feito, que Paulo Freire diz, constrói o educador social, trazendo a realidade do educando para ele mesmo.
- O saber de periferia, o saber da vida do educando, as suas próprias inteligências, entender a diversidade e explorá-la.

A primeira resposta é mais geral e pode ser compreendida de acordo com a pedagogia freiriana ou, então, a educadora talvez desconheça as concepções do autor e respondeu de forma genérica. Caberia aprofundar o diálogo para melhor analisar o que está subentendido no termo *teorias*. Nós concebemos o termo como um meio de construir argumentos para explicar determinados fenômenos. Em contrapartida, o que seria *fortalecer a instituição*?

É importante fomentar pesquisas que investiguem o processo histórico dessas instituições, os sujeitos envolvidos nos projetos e as intenções presentes nas ações. Devemos lembrar que, para Freire, a teoria não está separada da prática: "Daí que, nesta perspectiva crítica, se faça tão importante desenvolver, nos

educandos como no educador, um pensar certo sobre a realidade. E isto não se faz através de blá-blá-blá mas do respeito à unidade entre prática e teoria" (Freire, 1981, p. 13).
A conceituação de *teoria*, de um modo geral, contempla o conjunto das oito respostas. Entretanto, cabe analisar de forma cuidadosa cada resposta. A segunda resposta é importante, pois trata do 'ser' educador social. Freire nunca foi um educador social; ele se reconhecia como educador popular. O *Dicionário Paulo Freire* aborda a questão:

> Ser educadora popular e educador popular [...] não é profissão, não está relacionado ao tipo de tarefa desenvolvida (escolar ou não escolar, ser médico/a ou educador/a social etc.), mas a uma opção, fundamentada pela educação popular. Em outras palavras, ser educadora ou educador popular é uma opção política que passa pela opção de classe social, os oprimidos. (Paulo; Machado, 2018, p. 178)

Vejamos o que Freire (2006, p. 59-60, grifo nosso) escreve em *A educação na cidade*:

> Na minha experiência de jovem professor, quase adolescente, de Português, no meu trabalho nos córregos e nos morros do Recife, no começo de minha juventude, **como educador popular**, na formulação dos princípios fundamentais do chamado Método Paulo Freire, designação de que não gosto, na minha atividade de professor universitário, no Brasil e fora do Brasil, e no esforço atual de formação permanente dos educadores e educadoras da rede municipal de educação que me engajo agora, à frente da Secretaria de Educação da cidade de São Paulo, ao lado da excelente equipe com que trabalho.

Logo, o educador popular não é profissão. Ele é, tendo em vista o pressuposto freiriano, militante da educação popular (Paulo, 2013).
Os dez educadores sociais participantes da entrevista têm carteira assinada como educador social, com vínculo empregatício em ONGs. Em conversas sobre o espaço de atuação do educador social, observamos uma ausência de clareza sobre as diferenças entre as ONGs e os movimentos sociais. Conforme Paulo (2013), muitas associações emergiram das lutas comunitárias. Eram,

portanto, movimentos populares. De 1994 em diante, essas associações começaram a executar políticas sociais da educação infantil e do extraclasse, conhecido como Sase (Serviço de Atendimento Socioeducativo), mas identificado juridicamente como SCFV.

As ONGs são um fenômeno que merece um rigoroso e cuidadoso estudo. Primeiro porque não se constituem nem como mercado, nem como Estado, embora executem políticas públicas gratuitas financiadas, muitas vezes, com recurso estatal. Para Giddens (2001), elas se caracterizam como a terceira via: uma tentativa de transcender tanto a social-democracia do velho estilo quanto o neoliberalismo.

Contudo, é Peroni (2009) que busca analisar o que propõe Giddens (2001) tendo em vista as relações púbico-privadas. Para Peroni (2009), a terceira via é uma das estratégias de redefinição do papel do Estado como meio de superação da crise estrutural do capitalismo. De acordo com Antunes (2005), a terceira via talvez seja a via alternativa que o capitalismo está gestando para manter o fundamental que o neoliberalismo clássico construiu e que agora se quer preservar.

Assim, a terceira via (o terceiro setor) não rompe com o capitalismo. Mantendo o *status quo*, vem precarizando as condições e as relações de trabalho. Os educadores sociais do SCFV não levantaram nenhuma questão concernente ao trabalho realizado nas ONGs. Isso pode ser resultado do tipo de pergunta elaborada pela entrevistadora ou do fato de as condições de trabalho prático (o fazer) terem sido prioritárias na fala desses educadores, sendo mais enfatizadas as questões referentes à formação. De maneira tímida, houve uma resposta nesse sentido ao perguntarmos o que faz e quem é o educador social. Afirmou-se que seu espaço de atuação são as empresas ou ONGs, trabalhando-se com pessoas em situação de vulnerabilidade e com implantação de políticas públicas.

Também devemos ressaltar a fala sobre as vulnerabilidades sociais e a exclusão de suas origens. Nenhum educador, mesmo aqueles que citaram Freire e a educação popular, falou de classes sociais.

Um citou o livro *Pedagogia do oprimido,* mas não fez referência à pedagogia dos opressores e suas ideologias.

Outros apontamentos são importantes. O primeiro se refere à função social e política dos movimentos populares sensíveis às lutas por formação de educadores sociais. Ao registrarem suas experiências de cursos para educadores em contextos não escolares, podem contribuir para o debate sobre o cotidiano do trabalho desse profissional. Em segundo lugar, a experiência formativa realizada na Aeppa é limitada, uma vez que o trabalho do educador social requer, conforme a análise das entrevistas, cursos mais longos e multidisciplinares. Cabe à universidade realizar pesquisas com os educadores sociais sobre suas demandas formativas. Optando-se pela pedagogia crítica, devem-se convocar metodologias participativas.

Cabe a movimentos populares como a Aeppa continuar com o processo de formação política, a luta pelo fortalecimento e pela ocupação do espaço público. É imprescindível o diálogo com as universidades para a formação dos educadores sociais. As instituições devem ser convocadas para incluir o referencial da educação popular, em especial a literatura de Paulo Freire.

Sugere-se que temas como trabalho-formação (espaço de atuação do educador social), políticas sociais, Estado, terceiro setor, movimentos sociais etc. sejam tratados em seminários, fóruns, cursos de pequena ou longa duração, na graduação e na pós-graduação. As demandas identificadas são convites para as universidades públicas acolherem as propostas e as pautas em seus projetos de pesquisa, ensino e extensão.

Por fim, a opção pela pedagogia crítica e pela educação popular freiriana continua a ser um lembrete para a luta pela humanização das pessoas, combatendo-se todas as formas de opressão. A universidade, ao negar esse contexto de trabalho, está contribuindo parcialmente para a continuidade do projeto nefasto do neoliberalismo. Não há neutralidade nas formas de execução das políticas sociais, tampouco na maneira como nos posicionamos diante do mundo, seja no contexto macro, seja no micro. Usar a teoria de Paulo Freire significa estar comprometido com o trabalho voltado ao objetivo de construir um mundo justo.

Que este livro possa contribuir não só para a reflexão sobre pesquisas empíricas, mas também para mobilização em prol do engajamento contra as lógicas excludentes, injustas e desumanizadoras presentes no mundo do trabalho, na universidade e nas periferias.

Síntese

- A profissão de educador social ainda não foi regulamentada, mas há movimentos em prol da regulamentação.
- A luta pela valorização do trabalho do educador social data dos anos 1990, tendo como exemplo a Associação de Educadores Populares de Porto Alegre (Aeppa). Essa entidade congrega educadores escolares e não escolares.
- A educação não escolar é uma modalidade da educação distinta da chamada *não formal*. Sob o aspecto legal, aquela apresenta um grau mínimo de formalização.
- A **política de assistência social** é considerada recente. É decorrente da luta dos movimentos sociais por direitos sociais, que foram integrados à Constituição Federal de 1988.
- O Instituto de Desenvolvimento Social Brava Gente, situado no Rio Grande do Sul, iniciou seu projeto de formação de educadores sociais em 2009. No ano seguinte, formou a primeira turma do curso denominado *Formação de Educadores Sociais*, que segue sendo ministrado até hoje.
- Há divergências quanto ao nível de formação (educação básica ou superior) do educador social, ao tipo (licenciatura, bacharelado ou tecnólogo) e à modalidade (presencial, semipresencial ou a distância).
- Desde 1990, nas grandes cidades, proliferaram inúmeras organizações da sociedade civil sem fins lucrativos, as conhecidas **organizações não governamentais** (**ONGs**), ou entidades do terceiro setor. Essas instituições são espaços de atuação de educadores sociais, sobretudo no Serviço de Convivência e Fortalecimento de Vínculos (SCFV).

- O Marco Regulatório das Organizações da Sociedade Civil (Lei n. 13.019/2014) estabelece parcerias entre a Administração Pública e as organizações da sociedade civil.
- Os educadores sociais, em sua maioria, são trabalhadores oriundos das comunidades em que as ONGs estão inseridas, não tendo formação específica para o trabalho. Alguns contam com histórico de trabalho voluntário.
- As ONGs não são mercado e nem Estado. Constituem-se, portanto, em uma **terceira via**. Entretanto, a classe luta para que o educador social seja um profissional reconhecido, e não simplesmente um voluntário.
- Couto (2006) alerta que, ao ser realizada por ONGs, a política de assistência social pode vir a ser entendida como caridade e assistencialismo, enfraquecendo as lutas populares em prol da melhoria da condição de vida.

Para saber mais

As obras indicadas a seguir são importantes para conhecer outras abordagens sobre o tema da formação profissional dos educadores sociais.

VANGRELINO, A. C. dos S. O processo de formação de educadores sociais na área da infância e juventude. In: REUNIÃO ANUAL DA ANPED, 28., 2005, Caxambu. **Anais**... Caxambu: Anped, 2005. Disponível em: <http://www.anped.org.br/sites/default/files/gt06430int.pdf>. Acesso em: 24 ago. 2019.

RESES, E. da S.; PINEL, W. R. Estudantes no cárcere: uma análise a partir da categoria religião na Penitenciária Feminina do Distrito Federal. **Revista Brasileira de Educação de Jovens e Adultos**, v. 6, p. 66-76, 2018. Disponível em: <https://www.revistas.uneb.br/index.php/educajovenseadultos/article/view/5696>. Acesso em: 24 ago. 2019.

PEREIRA, A. Formação de educadores sociais: profissionalização técnica, para quê? **Revista Brasileira de Educação de Jovens e Adultos**, v. 3, n. 6, p. 82-110, 2015. Disponível em: <https://www.revistas.uneb.br/index.php/educajovenseadultos/article/view/2136>. Acesso em: 24 ago. 2019.

Questões para revisão

1. De acordo com a teoria crítica da terceirização das políticas sociais, assinale a alternativa **incorreta**:

   a) Para a lógica neoliberal, as políticas sociais são consideradas gastos públicos, e não investimento social.
   b) Na teoria do livre mercado, a burguesia considera as políticas sociais ações que não deveriam existir. Compreende que, ao custeá-las, o Estado a está roubando.
   c) A privatização traz graves consequências, como o desemprego, o trabalho informal, a terceirização e, consequentemente, a perda de direitos sociais.
   d) A terceirização é uma das maneiras exitosas de garantia da empregabilidade.

2. Sobre movimento social, é **falso** afirmar:

   a) Os movimentos sociais populares perderam sua força mobilizadora a partir dos anos 1990.
   b) A partir dos anos 1990, as ONGs ganham importância por executarem políticas em parceria com o Poder Público. Por conta disso, alguns movimentos sociais se transformaram em ONGs.
   c) O conceito de movimento social não é equivalente ao de ONGs.
   d) Os movimentos sociais devem substituir o Estado na execução das políticas sociais.

3. Giddens (2001) defende:

   a) uma educação somente pública.
   b) uma educação privada comunitária.
   c) as relações púbico-privadas na execução de políticas sociais, e a terceira via como uma das estratégias de redefinição do papel do Estado.
   d) um regime sem educação.

4. Para o trabalho de educadores sociais, é necessária uma formação profissional? Justifique respaldando-se em autores que escreveram sobre o tema.
5. Qual é a lógica neoliberal das políticas sociais?

Questão para reflexão

1. Você conhece alguma instituição que empregue educadores sociais? Que tal realizar uma busca em sua cidade para conhecer como o trabalho é desenvolvido por esse profissional? Depois da pesquisa, anote suas reflexões com base no que você descobriu.

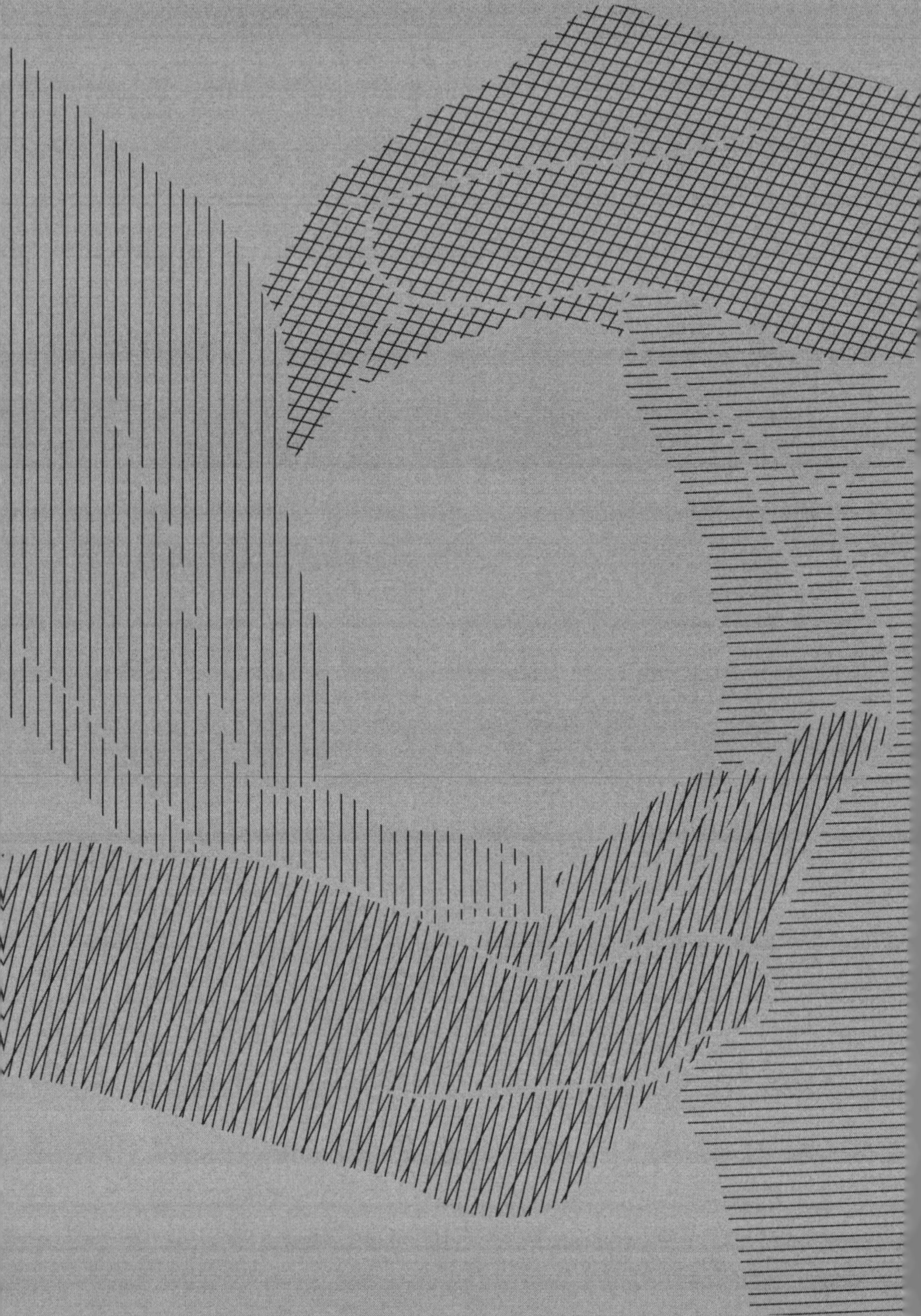

Considerações finais

Ao longo deste livro, apresentamos um amplo diálogo teórico e empírico sobre as concepções de educação, a metodologia da problematização, as práticas educativas dos movimentos sociais, os espaços de atuação do educador social e as demandas para a educação não escolar. Além disso, discorremos sobre a pedagogia social e seus fundamentos epistemológicos, bem como sobre os valores éticos e políticos da educação não escolar e do papel do educador social.

As diferentes concepções de educação não escolar (institucionalizada e não institucionalizada) apresentadas aqui estão consubstanciadas por autores clássicos e contemporâneos da área da educação. Encerrado este ciclo de estudos, entendemos ser possível perceber o quanto o tema é recente, complexo e polêmico.

A temática é atual tanto como área de estudo quanto como espaço de atuação de educadores. Historicamente, esses contextos eram reconhecidos como não formais. A partir dos anos 1990, passaram a se configurar espaços caracterizados como educação não escolar. Constatamos que, nesse campo de atuação, há formalização, intencionalidade educativa, proposta pedagógica e currículo não escolarizado. O trabalhador que atua nesse espaço de educação não escolar institucionalizado é, principalmente, o educador social.

O tema é complexo porque envolve concepções que merecem reflexões e investigações acadêmicas mais amplas. Ainda contamos com poucas referências nacionais sobre esse fenômeno educativo institucionalizado/formalizado não escolar. A educação não escolar institucionalizada pode ser exercida por vários profissionais (educadores sociais, pedagogos etc.), mas a ênfase é dada ao trabalho do educador social na relação com a defesa e a garantia dos direitos sociais conquistados em 1988, com a promulgação da Constituição Federal.

A temática também é considerada polêmica porque há formas distintas – e mesmo antagônicas – de compreender os espaços educativos fora da escola (educação não formal, educação social e educação não escolar). Na obra, nossa discussão foi formulada à luz de referenciais clássicos brasileiros e internacionais sobre o que seria o social na educação não formal. Concluímos que toda educação é social, independentemente do espaço em que ela ocorra. Mediante a revisão de literatura e de questionários respondidos por trabalhadores da educação não escolar, notamos que seus espaços de atuação são formalizados. Mesmo assim, a polêmica sobre o uso da expressão que caracteriza esse tipo de educação está presente no rol de discussões entre teóricos e na literatura que produzem.

Também apresentamos as contradições, os limites, as demandas e as possibilidades formativas para os trabalhadores da educação não escolar nas relações entre movimentos sociais populares e universidades. Destacamos a importância das práticas formativas realizadas no trabalho. Defendemos uma formação acadêmica que considere as experiências advindas do trabalho do educador no contexto não escolar. O educador social é um profissional multidisciplinar, que atua com o apoio de diferentes áreas do conhecimento. Seu processo formativo exige um currículo intersetorial desde a formação inicial. Notamos, sobretudo por pesquisas empíricas apresentadas por pesquisadores em seus estudos de mestrado e doutorado, que um dos desafios no campo da formação profissional é identificar as demandas formativas dos cursos, tendo em vista a complexidade do trabalho do educador social no Brasil.

Escrever este livro foi um desafio prazeroso. Mesmo após seu término, permanece o sentimento de desafio. Primeiro, porque quem escreve o faz desejando um retorno do leitor. Segundo, porque desponta o desejo de conhecer outros estudos que possam emergir desta obra. A expectativa é a de suscitar reflexões e promover uma concepção de educação que valorize o educador social.

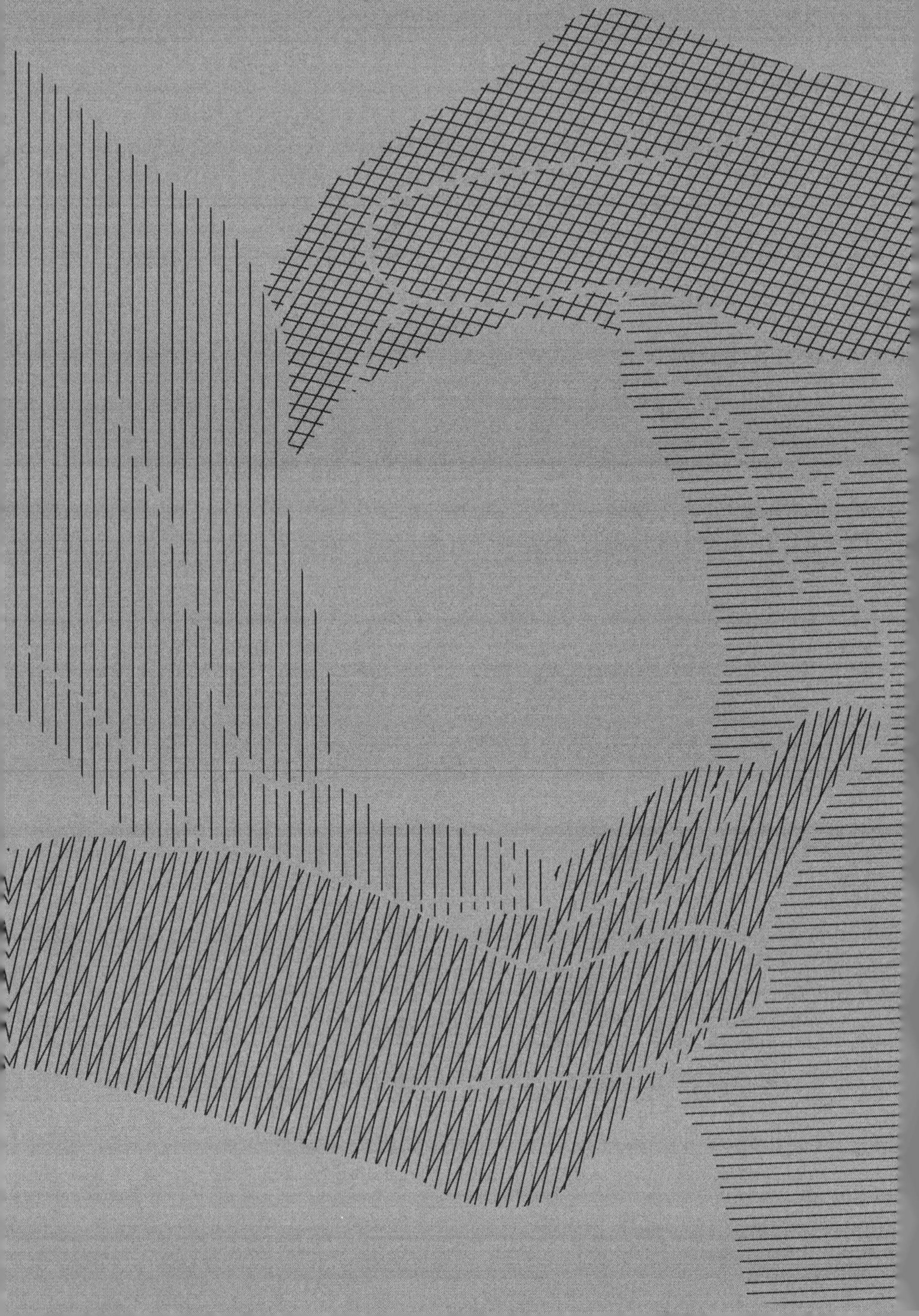

Referências

AFONSO, A. J. Os lugares da educação. In: SIMSON, O. R. M.; PARK, M. B.; FERNANDES, R. S. (Org.). **Educação não formal**: cenários da criação. Campinas: Ed. da Unicamp/Centro de Memória, 2001. p. 29-37.

ANTUNES, R. **Os sentidos do trabalho**: ensaios sobre a afirmação e a negação do trabalho. São Paulo: Boitempo, 2005.

BAULI, R. A. **Educador social no Brasil**: profissionalização e normatização. 315 f. Tese (Doutorado em Educação) – Universidade Estadual de Maringá, Maringá, 2018.

BEISIEGEL, C. de R. **Estado e educação popular**: um estudo sobre a educação de adultos. São Paulo: Pioneira, 1974.

BRANDÃO, C. R. (Org.). **A pergunta a várias mãos**: a experiência da pesquisa no trabalho do educador. São Paulo: Cortez, 2003.

BRANDÃO, C. R. (Org.). **Pesquisa participante**. São Paulo: Brasiliense, 2001.

BRANDÃO, C. R. (Org.). **Repensando a pesquisa participante**. São Paulo: Brasiliense, 1999.

BRANDÃO, C. R. A pesquisa participante e a partilha do saber: uma introdução. In: BRANDÃO, C. R.; STRECK, D. R. (Org.). **Pesquisa participante**: o saber da partilha. Aparecida: Ideias & Letras, 2006. p. 21-54.

BRANDÃO, C. R. **O que é educação?** 28. ed. São Paulo: Brasiliense, 1993. (Coleção Primeiros Passos).

BRANDÃO, C. R. **Paulo Freire, educar para transformar**: fotobiografia. São Paulo: Mercado Cultural, 2005.

BRASIL. Decreto n. 7.626, de 24 de novembro de 2011. **Diário Oficial da União**, Poder Executivo, Brasília, DF, 25 nov. 2011.

BRASIL. Lei n. 7.210, de 11 de julho de 1984. **Diário Oficial da União**, Poder Executivo, Brasília, DF, 13 jul. 1984.

BRASIL. Lei n. 7.644, de 18 de dezembro de 1987. **Diário Oficial da União**, Poder Executivo, Brasília, DF, 21 dez. 1987.

BRASIL. Lei n. 8.069, de 13 de julho de 1990. **Diário Oficial da União**, Poder Legislativo, Brasília, DF, 16 jul. 1990.

BRASIL. Lei n. 9.394, de 20 de dezembro de 1996. **Diário Oficial da União**, Poder Legislativo, Brasília, DF, 23 dez. 1996.

BRASIL. Lei n. 10.741, de 1º de outubro de 2003. **Diário Oficial da União**, Poder Legislativo, Brasília, DF, 3 out. 2003.

BRASIL. Lei n. 12.594, de 18 de janeiro de 2012. **Diário Oficial da União**, Poder Executivo, Brasília, DF, 19 jan. 2012a.

BRASIL. Lei n. 13.019, de 31 de julho de 2014. **Diário Oficial da União**, Poder Executivo, Brasília, DF, 1º ago. 2014a.

BRASIL. Ministério da Cidadania. Secretaria Especial do Desenvolvimento Social. **Convivência e Fortalecimento de Vínculos**. Brasília, 22 jun. 2015a. Disponível em: <http://mds.gov.br/assistencia-social-suas/servicos-e-programas/servicos-de-convivencia-e-fortalecimento-de-vinculos>. Acesso em: 2 set. 2019.

BRASIL. Ministério da Educação. Conselho Nacional de Educação. Câmara de Educação Básica. Resolução n. 2, de 19 de maio de 2010. **Diário Oficial da União**,

Brasília, DF, 20 maio 2010. Disponível em: <http://depen.gov.br/DEPEN/acesso-a-informacao/acoes-e-programas/educacao-esporte-e-cultura/resolucao_cne_2_2010.pdf>. Acesso em: 2 set. 2019.

BRASIL. Ministério da Educação. Conselho Nacional de Educação. Conselho Pleno. Resolução n. 1, de 15 de maio de 2006. **Diário Oficial da União**, Brasília, DF, 16 maio 2006a.

BRASIL. Ministério da Educação. Conselho Nacional de Educação. Parecer n. 5, de 13 de dezembro de 2005. Relator: Clélia Brandão Alvarenga Craveiro e Petronilha Beatriz Gonçalves e Silva. **Diário Oficial da União**, Brasília, DF, 15 maio 2006b.

BRASIL. Ministério da Justiça. Departamento Penitenciário Nacional. **Levantamento Nacional de Informações Penitenciárias**: Infopen – junho de 2014. Brasília, 2015b. Disponível em: <https://www.justica.gov.br/news/mj-divulgara-novo-relatorio-do-infopen-nesta-terca-feira/relatorio-depen-versao-web.pdf>. Acesso em: 2 set. 2019.

BRASIL. Ministério da Justiça. **Apresentação**. Disponível em: <http://depen.gov.br/DEPEN/acesso-a-informacao/acoes-e-programas/educacao-esporte-e-cultura/educacao-esporte-e-cultura>. Acesso em: 24 set. 2019.

BRASIL. Ministério da Saúde. Secretaria de Atenção à Saúde. Departamento de Atenção Básica. **Envelhecimento e saúde da pessoa idosa**. Brasília, 2006c. (Cadernos de Atenção Básica, n. 19).

BRASIL. Ministério do Desenvolvimento Social e Combate à Fome. Conselho Nacional de Assistência Social. Resolução n. 109, de 11 de novembro de 2009. **Diário Oficial da União**, Brasília, DF, 25 nov. 2009a.

BRASIL. Ministério do Desenvolvimento Social e Combate à Fome. Conselho Nacional de Assistência Social. Conselho Nacional dos Direitos da Criança e do Adolescente. Resolução Conjunta n. 1, de 18 de junho de 2009. **Diário Oficial da União**, Brasília, DF, 2 jul. 2009b.

BRASIL. Ministério do Desenvolvimento Social e Combate à Fome. Portaria Interministerial n. 3, de 21 de setembro de 2012. **Diário Oficial da União**, Brasília, DF, 24 set. 2012b.

BRASIL. Senado Federal. Projeto de Lei do Senado n. 328, de 2015c. Disponível em: <https://www25.senado.leg.br/web/atividade/materias/-/materia/121529>. Acesso em: 11 fev. 2020.

CHAUI, M. **Convite à filosofia**. São Paulo: Ática, 2000.

CAMBI, F. **História da pedagogia**. São Paulo: Unesp, 1999.

CARIDE, J. A. **Las fronterasde la pedagogía social**: perspectiva científica e histórica. Barcelona: Gedisa, 2005.

COSTA, A. C. G. **A presença da pedagogia**: teoria e prática da ação socioeducativa. 2. ed. São Paulo: Global; Instituto Ayrton Sena, 2001.

COUTO, B. R. **O direito social e a assistência social**: uma equação possível? São Paulo: Cortez, 2006.

DOWBOR, L. Prefácio. In: FREIRE, P. **À sombra desta mangueira**. 11. ed. Rio de Janeiro: Paz e Terra, 2015. p. 9-14.

FERNANDES, C. B. S. Educação nas penitenciárias: uma possibilidade de mudança. **Ensaios Pedagógicos**, jul. 2012. Disponível em: <http://www.opet.com.br/faculdade/revista-pedagogia/pdf/n3/7%20ARTIGO%20LUCIMERI.pdf>. Acesso em: 2 set. 2019.

FIORI, E. M. Aprender a dizer a sua palavra. In: FREIRE, P. **Pedagogia do oprimido**. São Paulo: Paz e Terra, 1987. p. 5-11.

FREIRE, P. **A educação na cidade**. São Paulo: Cortez, 2006.

FREIRE, P. **À sombra desta mangueira**. São Paulo: Olho d'Água, 2000.

FREIRE, P. **Ação cultural para a liberdade**. 5. ed. Rio de Janeiro: Paz e Terra, 1981.

FREIRE, P. **Conscientização**: teoria e prática da libertação – uma introdução ao pensamento de Paulo Freire. São Paulo: Cortez & Moraes, 1979.

FREIRE, P. **Educação como prática da liberdade**. Rio de Janeiro: Paz e Terra, 1967.

FREIRE, P. **Educadores de rua**: uma abordagem crítica – alternativas de atendimento aos meninos de rua. Bogotá: Unicef, 1989. (Série Metodológica).

FREIRE, P. **Pedagogia da autonomia**: saberes necessários à prática educativa. Rio de Janeiro: Paz e Terra, 2002.

FREIRE, P. **Pedagogia do oprimido**. Rio de Janeiro: Paz e Terra, 1987.

FREIRE, P.; NOGUEIRA, A. **Que fazer**: teoria e prática em educação popular. Petrópolis: Vozes, 1993.

GADOTTI, M. Educação popular, educação social, educação comunitária: conceitos e práticas diversas, cimentadas por uma causa comum. In: CONGRESSO INTERNACIONAL DE PEDAGOGIA SOCIAL, 4., 2012. **Anais**... jul. 2012.

GADOTTI, M. **A questão da educação formal/não-formal**. Sion: Institut International des Droits de l'Enfant, 2005.

GADOTTI, M. **Pensamento pedagógico brasileiro**. São Paulo: Ática, 1987.

GIDDENS, A. **A terceira via**: reflexões sobre o impasse político atual e o futuro da social-democracia. Rio de Janeiro: Record, 2001.

GOHN, M. da G. **Educação não formal e cultura política**. 5. ed. São Paulo: Cortez, 2011.

GOHN, M. da G. **Educação não formal e o educador social**. 2. ed. São Paulo: Cortez, 2013.

GOHN, M. da G. **Educação não formal e o educador social**: atuação no desenvolvimento de projetos sociais. São Paulo: Cortez, 2010.

GOHN, M. da G. Educação não formal, educador(a) social e projetos sociais de inclusão social. **Meta: Avaliação**, Rio de Janeiro, v. 1, n. 1, p. 28-43, jan./abr. 2009. Disponível em: <http://revistas.cesgranrio.org.br/index.php/metaavaliacao/article/view/1/5>. Acesso em: 2 set. 2019.

GOHN, M. da G. Educação não formal, participação da sociedade civil e estruturas colegiadas nas escolas. **Revista Ensaio: Avaliação e Políticas Públicas em Educação**, Rio de Janeiro, v. 14, n. 50, p. 17-38, jan./mar. 2006.

GOHN, M. da G. **Movimentos sociais e educação**. 8. ed. São Paulo: Cortez, 2012.

GOHN, M. da G. **Teoria dos movimentos sociais**: paradigmas clássicos e contemporâneos. São Paulo: Loyola, 1997.

GRACIANI, M. S. **Pedagogia social de rua**: análise e sistematização de uma experiência vivida. 5. ed. São Paulo: Cortez/Instituto Paulo Freire, 2005. (Coleção Prospectiva, v. 4).

GRAMSCI, A. **Cadernos do cárcere**. Tradução de Carlos Nelson Coutinho. 2. ed. Rio de Janeiro: Civilização Brasileira, 2001. v. 2.

GRAMSCI, A. **Os intelectuais e a organização da cultura**. Tradução de Carlos Nelson Coutinho. 9. ed. Rio de Janeiro: Civilização Brasileira, 1995.

HAJE, L. Câmara aprova regulamentação da profissão de educador social. **Câmara dos Deputados**, Brasília, 7 nov. 2017. Disponível em: <https://www.camara.leg.br/noticias/526878-camara-aprova-regulamentacao-da-profissao-de-educador-social/>. Acesso em: 2 set. 2019.

HERBART, J. F. **Pedagogia geral**: deduzida da finalidade da educação. Tradução de Ludwig Scheidl. Lisboa: Fundação Calouste Gulbenkian, 2010.

IAMAMOTO, M. V. **O serviço social na contemporaneidade**: trabalho e formação profissional. 3. ed. São Paulo: Cortez, 2000.

JULIÃO, E.; RIBEIRO, P. F. L; GODOI, R. Juventude e violência: reflexões sobre os dados e perspectivas políticas no Brasil. **Movimento – Revista de Educação**, Niterói, ano 2, n. 3, 2015.

KRUPSKAYA, N. **A construção da pedagogia socialista**. São Paulo: Expressão Popular, 2017.

LEFEBVRE, H. **A sociologia de Marx**. Rio de Janeiro: Forense, 1968.

LEGRAND, L. **Célestin Freinet**. Tradução de José Gabriel Perissé. Recife: Fundação Joaquim Nabuco/Massangana, 2010.

LIBÂNEO, J. C. **Democratização da escola pública**. São Paulo: Loyola, 1990.

MACHADO, E. R. **A constituição da pedagogia social na realidade educacional brasileira**. Dissertação (Mestrado em Educação) – Universidade Federal de Santa Catarina, Florianópolis, 2010.

MACHADO, E. R. **O desenvolvimento da pedagogia social sob a perspectiva comparada**: o estágio atual do Brasil e Espanha. 304

f. Tese (Doutorado em Educação) – Universidade de São Paulo, São Paulo, 2014.

MAKARENKO, A. S. **Obras**: v. 1-7. Moscou: Progreso, 1957.

MAKARENKO, A. S. **Poema pedagógico**. Tradução de Tatiana Belinky. São Paulo: Ed. 34, 2005.

MATUDA, F. G. **Telecentro comunitário como espaço de educação social**: um estudo de caso. Dissertação (Mestrado) – Programa de Pós-Graduação em Educação. Faculdade de Educação da Universidade de São Paulo, São Paulo, 2008.

MEKSENAS, P. **Sociologia da educação**: introdução ao estudo da escola no processo de transformação social. 10. ed. São Paulo: Loyola, 2002.

MENEZES, E. T. de; SANTOS, T. H. dos. Plano Stockler. In: **Dicionário interativo da educação brasileira**: Educabrasil. São Paulo: Midiamix, 2001. Verbete. Disponível em: <http://www.educabrasil.com.br/plano-stockler/>. Acesso em: 2 set. 2019.

MENEZES, A. L. T. **A alegria do corpo-espírito saudável**: ritos de aprendizagem guarani. Tese (Doutorado em Educação) – Faculdade de Educação, Universidade Federal do Rio Grande do Sul, Porto Alegre, 2006.

NATALI, P. M. **Formação profissional na educação social**: subsídios a partir de experiências de educadores sociais latino-americanos. Tese (Doutorado em Educação) – Universidade Estadual de Maringá, Maringá, 2016.

NATORP, P. **Pedagogía social**: teoría de la educación. Druker, 1992.

NATORP, P. **Pedagogía social**: teoría de la voluntad sobre la base de la comunidad. Madrid: Biblioteca Nueva, 2001.

NETTO, J. A questão social na América Latina. In: GARCIA, M. L. T.; RAIZER, E. C. (Org.). **A questão social e as políticas sociais no contexto latino-americano**. Vitória: Edufes, 2012. p. 83-111.

NÓVOA, A. **Evidentemente**: histórias da educação. Lisboa: Asa, 2005.

NÚÑEZ, V. **Pedagogía social**: cartas para navegar en el nuevo milenio. Buenos Aires: Santillana, 1999.

NÚÑEZ, V. **La educación en tiempos de incertidumbre**: las apuestas de la pedagogía social. Barcelona: Gedisa, 2002.

OLIVEIRA, W. F. de. **Educação social de rua**: as bases políticas e pedagógicas para uma educação popular. Porto Alegre: Artmed, 2004.

OLIVEIRA, W. F. de. Educação social de rua: bases históricas, políticas e pedagógicas. **História, Ciências, Saúde – Manguinhos**, Rio de Janeiro, v. 14, n.1, p.135-158, jan./mar. 2007.

PAIVA, J. S. de. Epistemologia da educação social de rua. In: CONGRESSO INTERNACIONAL DE PEDAGOGIA SOCIAL, 3., 2010, São Paulo. Disponível em: <http://www.proceedings.scielo.br/scielo.php?pid=MSC000000092010000100015&script=sci_arttext>. Acesso em: 2 set. 2019.

PAIVA, V. **História da educação popular no Brasil**: educação popular e educação de adultos. São Paulo: Loyola, 1973.

PALUDO, C. **Educação popular em busca de alternativas**: uma leitura desde o campo democrático popular. Porto Alegre: Tomo, 2001.

PALUDO, C. Metodologia do trabalho popular. In: STRECK, D. R.; REDIN, E.; ZITKOSKI, J. J. (Org.). Dicionário Paulo Freire. Belo Horizonte: Autêntica, 2018. p. 315-316.

PARK, M. B.; FERNANDES, R. S. (Org.). **Educação não formal**: contexto, percursos e sujeitos. Campinas: Unicamp/CMU; Holambra: Setembro, 2005.

PAULO, F. dos S. **A formação do(as) educadores(as) populares a partir da práxis**: um estudo de caso da AEPPA. 273 f. Dissertação (Mestrado em Educação) – Universidade Federal do Rio Grande do Sul, Porto Alegre, 2013.

PAULO, F. dos S. **Formação dos/as educadores/as populares de Porto Alegre formados/as em Pedagogia**: identidade, trajetória e desafios. 79 f. Monografia (Especialização em Educação Popular: Gestão de Movimentos Sociais) – Instituto Superior de Educação Ivoti & Instituto de Desenvolvimento Brava Gente, Porto Alegre, 2010.

PAULO, F. dos S. Educação popular no cenário gaúcho: contribuições para a formação de educadores sociais. **Revista Cocar**, Belém, v. 13, n. 25, p. 307-324, jan./abr. 2019.

PAULO, F. dos S. **Pioneiros e pioneiras da educação popular freiriana e a universidade**. 268 f. Tese (Doutorado em

Educação) – Universidade do Vale do Rio dos Sinos, São Leopoldo, 2018.

PAULO, F. dos S.; MACHADO, R. de C. de F. Educadora popular/ educador popular. In: STRECK, D. R.; REDIN, E.; ZITKOSKI, J. J. (Org.) **Dicionário Paulo Freire**. Belo Horizonte: Autêntica, 2018. p. 177-179.

PAULO, F. S.; BIERHALS, P. R.; CONTE, I. I. Educação popular e pedagogia social: um encontro possível no caso de Porto Alegre? **Educação: Teoria e Prática**, Rio Claro, v. 23, n. 43, p. 128-144, maio/ago. 2013.

PEREIRA, A. A educação social de rua é uma práxis educativa? **Revista de Ciências da Educação**, Unisal, Americana, ano XI, n. 21, p. 481-500, 2º sem. 2009.

PERONI, V. As parcerias público/privadas na educação e as desigualdades sociais. **Cadernos de Pesquisa: Pensamento Educacional**, Curitiba, v. 4, n. 7, p. 139-160, 2009.

PINEL, H. **Pedagogia social humanista existencial**: relato de experiência com algumas ideias de Carl Rogers. Vitória: Ufes/ PPGE, 2006.

RIBEIRO, M. Exclusão e educação social: conceitos em superfície e fundo. **Educação & Sociedade**, Campinas, v. 27, n. 94, p. 155-178, jan./abr. 2006. Disponível em: <http://www.scielo.br/scielo.php?script=sci_arttext&pid=S0101-73302006000100008>. Acesso em: 2 set. 2019.

SANTOS, K; PAULO, F. S. (Des)encontros entre a educação popular e a pedagogia social. **Ensino & Pesquisa**, v. 15, n. 2, p. 159-160, jul. 2017.

SAVIANI, D. **A pedagogia no Brasil**: história e teoria. Campinas: Autores Associados, 2008.

SAVIANI, D. **História das ideias pedagógicas no Brasil**. Campinas: Autores Associados, 2007.

SAVIANI, D. **Pedagogia histórico-crítica**: primeiras aproximações. 8. ed. rev. e ampl. Campinas: Autores Associados, 2003.

SEVERO, J. L. R. L. Educação não escolar como campo de práticas pedagógicas. **Revista Brasileira de Estudos Pedagógicos**, Brasília, v. 96, n. 244, p. 561-576, set./dez. 2015.

SILVA, C. S. B. da. **Curso de Pedagogia no Brasil**: história e identidade. 3. ed. Campinas: Autores Associados, 2006.

SILVA, R.; SOUZA NETO, J. C. de; MOURA, R. A. Áreas prioritárias para atuação da Pedagogia Social no Brasil. In: MOURA, R.; SOUZA NETO, J. C. de; SILVA, R. (Org.). **Pedagogia social**. São Paulo: Expressão e Arte, 2009.

SILVA, R. et al. (Org.). **Pedagogia social**: contribuições para uma teoria geral da educação social. São Paulo: Expressão e Arte, 2011.

STRECK, D. R. et al. **Educação popular e docência**. São Paulo: Cortez, 2014.

STRECK, D. R.; REDIN, E.; ZITKOSKI, J. J. (Org.) **Dicionário Paulo Freire**. Belo Horizonte: Autêntica, 2018.

TRILLA, J. **La educación fuera de la escuela**: ámbitos no formales y educación social. Barcelona: Ariel, 1996.

TRILLA, J. A educação não formal. In: ARANTES, V. A. (Org.). **Educação formal e não formal**: pontos e contrapontos. São Paulo: Summus, 2008. p. 15-58.

TROMBETTA, S.; TROMBETTA, L. C. Ética. In: STRECK, D. R.; REDIN, E.; ZITKOSKI, J. J. (Org.) **Dicionário Paulo Freire**. Belo Horizonte: Autêntica, 2018. p. 205-207.

WÜRTH, T. **Pestalozzi e a pedagogia social**. Canoas: Instituto Pestalozzi, 1971.

WAISELFISZ, J. J. **Mapa da violência 2015**: adolescentes de 16 e 17 anos do Brasil. Brasília: Flacso Brasil, 2015.

ZUCCHETTI, D. T.; MOURA, E. P. G. de. Práticas socioeducativas e formação de educadores: novos desafios no campo social. **Ensaio: Avaliação e Políticas Públicas em Educação**, Rio de Janeiro, v. 18, n. 66, p. 9-28, jan./mar. 2010.

Apêndice

Para a produção desta obra, foram realizadas entrevistas com dez educadores sociais que atuam no Serviço de Convivência e Fortalecimento de Vínculos (SCFV), em Porto Alegre. Nesta seção, apresentamos três amostras das entrevistas realizadas.

Todas as entrevistas foram realizadas presencialmente, no mês de outubro de 2018, por Fernanda dos Santos Paulo.

Questionário 1

Nome: AKMD (educadora)
Idade: 34 anos
Local de trabalho: Centro de Promoção da Criança e do Adolescente – Casa Santa Clara
Tempo de atuação: 2 meses
Cargo ocupado/função: Educadora social
Área de atuação: Assistência social
Formação: Assistência social

Formação exigida na área de atuação: Curso de educador social
Descreva as atividades educativas e pedagógicas realizadas: Atendimento a crianças com vulnerabilidade social, fazendo valer seus direitos e deveres por meio do convívio diário com outras crianças e regras estabelecidas na casa.

Concepção de educação:
Autores utilizados no contexto de atuação: Paulo Freire.
Desafios da formação: Separar a indignação pessoal do profissional, pois, perante as vivências de cada criança, notam-se a negligência e a violência de algumas famílias.
Desafios do trabalho: Diariamente lidar com situações diversas. Ex.: abuso, negligência familiar, desrespeito, violência, entre outros.

Questionário 2

Nome: JSC (educadora)
Idade: 34 anos
Local de trabalho: Centro de Promoção da Criança e do Adolescente
Tempo de atuação: 6 meses
Cargo ocupado/função: Educadora social
Área de atuação: Educação não escolar
Formação: Ensino Normal. Estudante de Pedagogia (3º trimestre)
Formação exigida na área de atuação: Ensino médio
Descreva as atividades educativas e pedagógicas realizadas: Roda de conversa, culinária, leitura, interpretação, artesanato, teatro, música, esporte, cultura (passeios e filmes), espiritualidade, jogos lúdicos, entre outros.
Concepção de educação: Educação é um passaporte para o convívio social, é um espaço de troca mútua.
Autores utilizados no contexto de atuação: Paulo Freire e cultura franciscana
Desafios da formação: Verba escassa, indisponibilidade de tempo, cansaço e insegurança
Desafios do trabalho: Mediação de conflito, histórias familiares dos educandos e baixa autoestima destes

Questionário 3

Nome: DGF (educadora)
Idade: 51
Local de trabalho: Fundação de Atendimento Socioeducativo (Fase)
Tempo de atuação: 15 anos
Cargo ocupado/função: Agente socioeducativa ou socioeducadora
Área de atuação: Socioeducação
Formação: Superior e duas pós-graduações em curso
Formação exigida na área de atuação: Ensino médio
Descreva as atividades educativas e pedagógicas realizadas: Nosso trabalho se assemelha ao de um tutor: convivemos com os adolescentes desde seu ingresso no sistema socioeducativo até seu desligamento, desde a hora em que acordam até a hora de se recolherem em seus dormitórios (portas de ferro cadeadas) e também durante toda a madrugada em vigília de seus sonos, necessidades, saúde etc. Tenho como meta disciplinar esses jovens, porém busco sempre fazer de forma que o afeto esteja presente, para que eles vejam em mim uma presença materna, porém extremamente disciplinadora! Os adolescentes frequentam escola pública dentro da instituição, adaptada às condições pedagógicas, mas também às de segurança de todos. Nossas orientações abrangem todas as áreas: às vezes, somos pais; outras, somos tutores, psicólogos, assistentes sociais, educadores, professores... Educar adolescentes nas escolas e em casa já é uma tarefa difícil, desafiadora... Imagine educar jovens em contexto de privação de liberdade, que abandonaram muito cedo a escola, na rua, muitos nem chegaram a frequentar uma aula! Por isso reforço a questão da amorosidade vinculada à disciplina.
Concepção de educação: Da minha parte, concepção freiriana crítica e libertadora. Da parte da instituição, tradicional e completamente teórica. Tanto a escola quanto a FASE, em seus respectivos PPPs, falam que fazem uso da pedagogia de Freire, porém não funciona assim na prática. O PPP da FASE é o PEMSEIS, expliquei sobre ele no meu TCC (*A educação e a gestão no*

contexto socioeducativo: uma educação remediada, de 2017, Centro Universitário Leonardo da Vinci).

Autores utilizados no contexto de atuação: Paulo Freire, Moacir Gadotti, Antonio Carlos Gomes da Costa, Emilio García Méndez, João Batista da Costa Saraiva, Michel Foucault, entre outros.

Desafios da formação: A especialização pedagógica na socioeducação.

Desafios do trabalho: Para mim, o maior desafio é continuar acreditando que esses adolescentes mudarão o curso de suas caminhadas, que encontrarão na escola, na sociedade, no adulto o "olhar" pedagógico e social de que realmente precisam.

Respostas

Capítulo 1
Questões para revisão
1. b
2. c
3. b
4. É a que não tem ação educativa e proposta pedagógica, além de acontecer somente na educação do lar.
5. A luta engajada é o fundamento ontológico. Suas dimensões dão o significado para afirmarmos que a pedagogia crítica é o paradigma que construiu a educação popular.

Capítulo 2
Questões para revisão
1. b
2. a

3. c
4. 19 de setembro, data do nascimento de Paulo Freire.
5. Em sua compreensão, a classificação em partes impossibilita a visão de totalidade da educação.

Capítulo 3

Questões para revisão

1. a
2. d
3. d
4. Educação popular libertadora e problematizadora.
5. Pesquisa participante e pesquisa-ação.

Capítulo 4

Questões para revisão

1. d
2. b
3. d
4. Pedagogia da presença.
5. Debates sobre aspectos sociais, políticos e ideológicos que envolvem as sociedades contemporâneas.

Capítulo 5

Questões para revisão

1. c
2. c
3. b
4. A busca de maximização dos interesses individuais e da precarização do trabalho (relação duvidosa com a qualidade de vida).
5. Da humanização e da libertação.

Capítulo 6
Questões para revisão

1. d
2. d
3. c
4. A formação acadêmica específica ou a reformulação curricular dos cursos existentes são pautas importantes e necessárias para o campo de trabalho do educador social. A área da educação não pode ser compreendida somente como contexto escolar. É, portanto, preciso contemplar temas da educação não escolar. Ademais, o trabalho do educador social exige dialogar com outras áreas, como as da assistência social, do direito, da saúde, da família e da psicologia. Os educadores sociais necessitam dos múltiplos saberes, e a universidade, de modo geral, não tem contemplado essa demanda.
5. São consideradas gastos públicos, e não investimento social. Na teoria do livre mercado, a burguesia considera as políticas sociais ações que não deveriam existir, porque o Estado, ao custeá-las, a estaria roubando. Evidentemente, as políticas neoliberais são de uma vertente de direita, que defende a privatização das estatais, o liberalismo econômico e a não intervenção do Estado na economia, beneficiando os empresários.

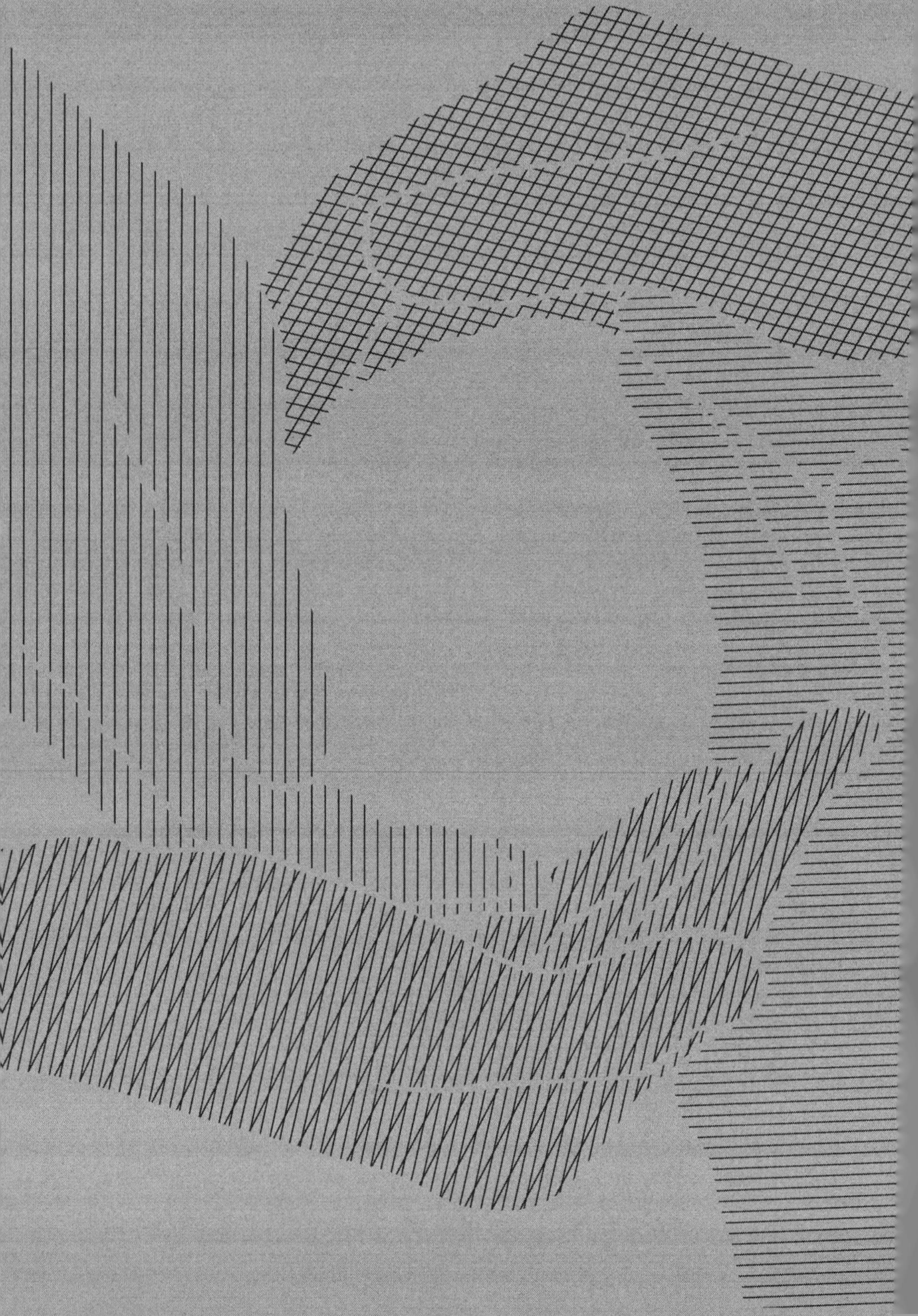

Sobre a autora

Fernanda dos Santos Paulo é doutora em Educação pela Universidade do Vale do Rio dos Sinos – Unisinos, bolsista Capes – Proex (2014-2018), e mestra em Educação pela Universidade Federal do Rio Grande do Sul – UFRGS, bolsista CNPq (2012-2013). É especialista em Educação Popular: Gestão de Movimentos Sociais pelo Instituto Brava Gente e pelo Instituto Ivoti (2007-2010) e graduada em Pedagogia pelo Centro Universitário Metodista – IPA (2006-2008). Tem curso normal em nível médio (Magistério) e pós-doutorado em Educação. Atualmente, é professora do Programa de Pós-graduação em Educação da Universidade do Oeste de Santa Catarina – Unoesc; educadora popular na Associação de Educadores Populares de Porto Alegre – Aeppa; coordenadora do Núcleo de Formação Política e do Grupo de Trabalho de Construção de Propostas de Cursos de Extensão, Graduação e Especialização para Educadores Populares;

professora do Instituto de Desenvolvimento Social Brava Gente em parceria com a Faculdade Santo Augusto – Faisa, atuando nos cursos de especialização e extensão. Foi professora tutora da Uniasselvi – Iergs, no curso de Pedagogia, entre 2014 e 2018. É integrante do Grupo de Pesquisa Mediações Pedagógicas e Cidadania, na Unisinos. Tem experiência na área de educação, com ênfase em educação popular, atuando principalmente nos seguintes temas: educação não escolar, educação infantil, educação de jovens e adultos, universidade popular, pedagogia freiriana, formação de educadores populares e educadores sociais, movimentos sociais, políticas públicas educacionais e história e memória da educação popular. Participa como membro da coordenação, desde 2017, do Fórum Estadual de Educação de Jovens e Adultos do Rio Grande do Sul – Fejars.

Impressão:
Abril/2020